臧龙松·著

微步天下

华夏智库
金牌培训师
书系

中国财富出版社

图书在版编目（CIP）数据

微步天下／臧龙松著．—北京：中国财富出版社，2014.6
（华夏智库·金牌培训师书系）
ISBN 978－7－5047－5186－7

Ⅰ.①微…　Ⅱ.①臧…　Ⅲ.①网络营销　Ⅳ.①F713.36

中国版本图书馆CIP数据核字（2014）第070354号

策划编辑　丰　虹　　**责任印制**　方朋远
责任编辑　丰　虹　　**责任校对**　饶莉莉

出版发行　中国财富出版社
社　　址　北京市丰台区南四环西路188号5区20楼　**邮政编码**　100070
电　　话　010－52227568（发行部）　010－52227588转307（总编室）
　　　　　010－68589540（读者服务部）　010－52227588转305（质检部）
网　　址　http：//www.cfpress.com.cn
经　　销　新华书店
印　　刷　北京京都六环印刷厂
书　　号　ISBN 978－7－5047－5186－7/F·2136
开　　本　710mm×1000mm　1/16　**版　　次**　2014年6月第1版
印　　张　15.75　**彩　插**　4　**印　　次**　2014年6月第1次印刷
字　　数　246千字　**定　　价**　35.00元

微时代，全力打造微营销

今天，随着微博、微信、微电影、微淘的出现，每个人的生活方式都在不知不觉地发生着改变，中国正悄然步入“微时代”。

一个热词背后就是一个热点事件，它浓缩了时代，也记录了时代。不可否认，这些“微××”的出现不仅满足了人们的日常需要，也受到了众多企业家、商家的青睐。几年前，中国的几大门户网站为争抢名人资源开通本网微博、扩大影响力使尽浑身解数，今天这种战争依然在进行，而且有过之而无不及。

今天，消费者的需求越来越精细化，越来越多样化；同时，随着互联网技术的快速进步，整体市场的发展节奏也在不断加快。为了应对不可预知的市场变化，企业需要采取新的营销手段来获得丰厚利润。在这种大环境中，“微营销”的概念应运而生。

微信营销

微信，采用一对一的互动交流方式，具有良好的互动性，不仅能精准地传送信息，还可以让二者形成一种朋友关系。基于微信的种种优势，很多企业都开始借助微信这一平台开展客户服务营销，微信营销应运而生。

微博营销

随着微博用户的日益增加，企业可以通过更新自己的微型博客来向网友传播企业信息、产品信息，树立良好的企业形象和产品形象。每天更新内容的时候，不仅可以跟大家交流互动，还能够发布大家感兴趣的话题，实现自己的营销，这就是新近推出的微博营销。

微电影营销

随着网民自我意识的崛起，网民对广告的容忍度越来越低，尤其是那些生硬的、叫卖式的硬广告。如今，很多企业都采用了更软性、更灵活的营销方式，而定制专属于品牌自身的微电影则成为新的营销趋势。

微淘营销

微淘，本来是一款现代移动手机购物导航软件，精选了淘宝商城的旗舰店和服饰、时尚、箱包、鞋、手机、运动、母婴、汽车用品、居家等众多分类商品，为喜爱购物的人们提供了便捷、快速的购物方式。

不可否认，微信、微博、微电影、微淘等各有各的优势，企业要根据自身的具体情况来选择适合自己的营销方式。在使用的过程中，一些商家依然出现了这样那样的疑惑。比如：微信营销如何才能吸引客户？如何才能让一条微博快速地覆盖到所有的用户？等等。之所以商家会出现如此多的疑惑，主要是因为还没有掌握具体的使用方法。虽然有些企业采用一些营销方式，可是对于其中的具体细节依然是一头雾水。为了解决这个问题，我特意编写了本书。

在本书中，我给大家介绍了微信营销、微博营销、微电影营销和微淘营销的具体方法，内容翔实，方法切实可行，相信读完本书，读者会对各种微营销了然于胸。

这是一个“微××”盛行的时代，抓住了“微营销”就抓住了客户，抓住了财富，让我们一起玩转“微营销”吧！

作　者

2014 年 3 月

目录

微信营销实战全攻略

申请微信公众账号，开启微营销之旅

今天，越来越多的企业开始使用微信这款聊天软件，微信也因此受到了众多企业的青睐。要想成功使用微信营销，首先就要学会注册申请微信公众账号。那么，如何来注册申请微信公众账号呢？

第一，打开百度，输入“微信公众平台”就会出现下面的页面：

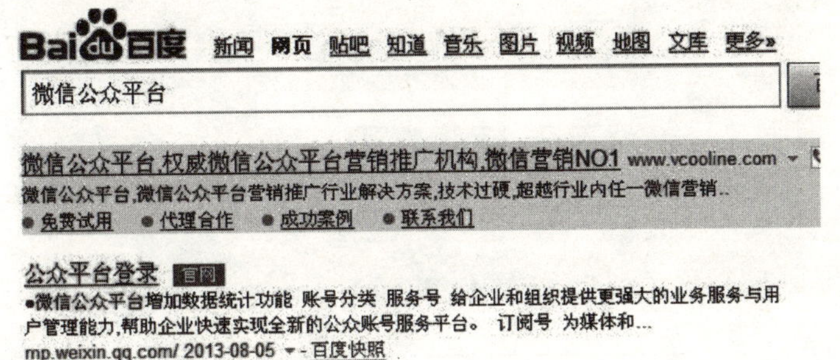

第二，点击，就会出现下面的页面：

第三，点击【立刻注册】，之后就会出现下面的页面：

第四，把企业相关的注册信息填写好，如下图所示：

第五，填写好后，点击【注册】，就会出现下面的页面：

第六，登录注册时候填写的邮箱，进行邮箱验证。

第七，进入邮箱之后，点击链接，就可以进入下面的新页面：

第八，将信息和身份证照片上传，点击【继续】，就可以成功注册申请一个微信公众账号了。

微信 | 公众平台

1 基本信息　2 邮箱激活　3 信息登记　4 选择类型

邮箱

用来登录公众平台，接收到激活邮件才能完成注册

密码

字母、数字或者英文符号，最短6位，区分大小写

确认密码

验证码

输入下面图片的字符，不区分大小写

看不清，换一张

□ 我同意并遵守《微信公众平台服务协议》

· 已有微信公

邮箱　zmlm00@163.com

用来登录公众平台，接收到激活邮件才能完成注册

密码　••••••

字母、数字或者英文符号，最短6位，区分大小写

确认密码　••••••

验证码　xusp

输入下面图片的字符，不区分大小写

看不清，换一张

□ 我同意并遵守《微信公众平台服务协议》

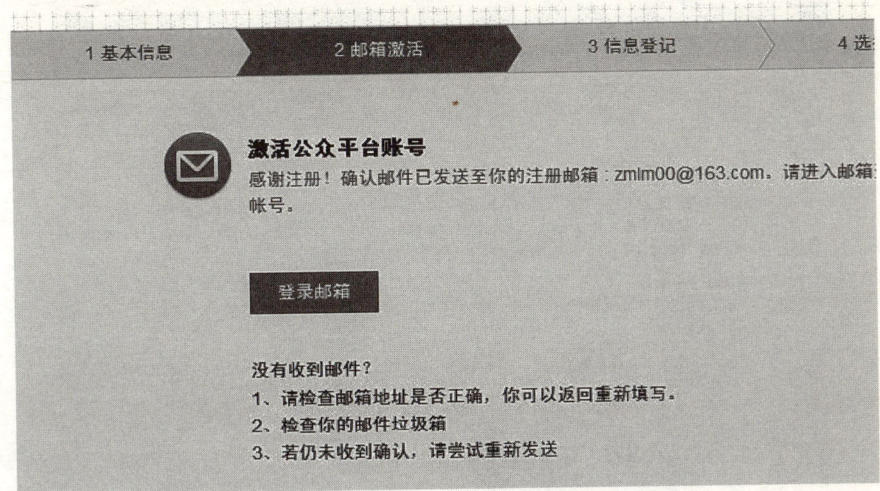

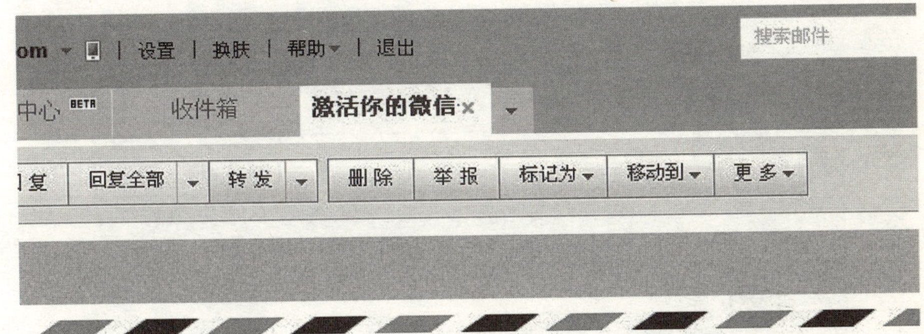

微信 | 公众平台

你好！

感谢你注册微信公众平台。
你的登录邮箱为：zmlm00@163.com。请点击以下链接激活账号：

https://mp.weixin.qq.com/cgi-bin/activateemail?email=em1sbTAwQDE2My5jb20%3D&ticket=9860aaa739b0cf53df3d9729454d4b82262623b9

如果以上链接无法点击，请将上面的地址复制到你的浏览器(如IE)的地址栏进入微信公众平台。（该链接在48小时内有效，48小时后需要重新注册）

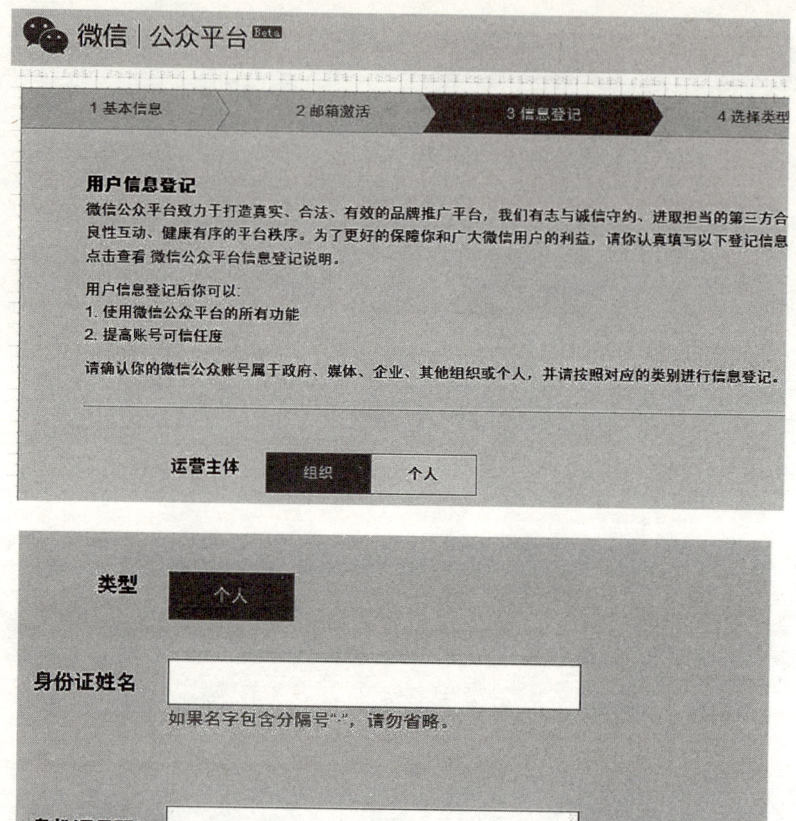

一步到位，玩转微信营销

随着微信的出现和迅猛发展，很多公司、厂商、机构、个人等争先恐后、跃跃欲试。可是，究竟哪种方式更适合自己呢？这就需要自己不断地进行尝试和创新。

目前，使用微信营销有两种不同的账号，即普通账号和公众平台账号，二者各有优势，并驾齐驱。

一、普通账号

在个人使用手机登录微信账号时，可以使用普通账号。这时候，可以通过加 QQ 好友、查看附近的人、摇一摇等方式来圈住“粉丝”；营销的时候，还可以主动出击，来去自如。

1. 点击按钮“摇一摇”

“摇一摇”是微信推出的一个随机交友应用，用户只要将手机或点击按钮模拟摇一摇，就可以联系到同一时段触发该功能的微信用户，实现彼此间的互动，增加用户间的互动和微信黏度。那么，如何使用这一功能呢？

第一，在“摇一摇”的入口，找到界面。

第二，进入“摇一摇”界面，轻轻摇动手机，微信就会帮助用户搜寻到在同一时间摇晃手机的人。

第三，摇到之后，直接点击“开始聊天”，就可以和对方聊天了。

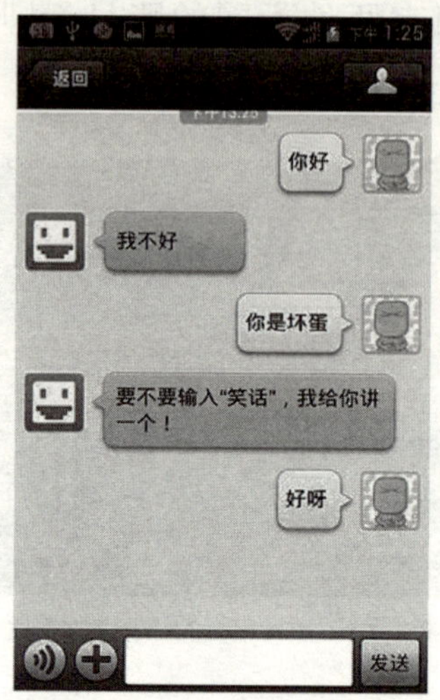

第四，点击“设置”，既可以查看到上一次摇到的人群，还可以更换自己喜欢的背景图片。

第五，点击“头像”，可以查看到好友的一些基本信息和一些状态。

需要注意的是：

在摇到的人中，都是按照距离的远近来排列的。在微信聚合效应下，同一段时间内可能会摇到同一个人。

微信个人签名字数有限，只能输入 29 个字符，因此要简单说明你经营的内容，充分利用好这块广告位。为了让其他用户看到你的签名，主动与你联系，每 15 分钟就要刷新一次“摇一摇”功能。

这种方式主要适用于出租车、超市、快餐店、美容美发、快消品商家等。

比如：K5 便利店采用的就是这种方式。K5 便利店位于海南大学附近，通过查找“附近的人”功能，可以精准定位周边大学生消费群体。K5 有自己公众的微信账号，头像是企业的 LOGO。他们会开启“找朋友”功能搜索，编辑信息，每隔 15 分钟发布一次，并跟每一个回信息的客户做好互动。他们还给微信客户建立了一个档案，并定期进行回访，以建立客户的忠实度。

2. 积极寻找"漂流瓶"

如何使用漂流瓶呢?

首先，找到漂流瓶的入口。

需要注意的是：第一次使用漂流瓶，要设置企业的漂流瓶头像。如果没有设置，漂流瓶会默认使用企业的微信头像。

如果企业的信息不全，会提示补充完整。

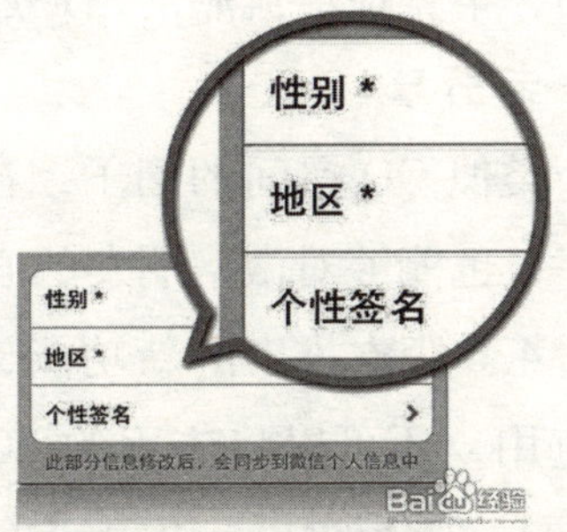

其次，进入漂流瓶界面，可以选择"扔一个""发一段语音"或者"文字"，信息就会被装进瓶子扔向大海。

需要注意的是：选择“捡一个”，企业会从茫茫大海中捡到漂流瓶。看到相关内容后，既可以回应 Ta，也可以选择扔回海里。

如果想查看之前捡到的瓶子，或者和瓶友聊天，只要点击“我的瓶子”就可以了。

漂流瓶并不适合所有的商家，因为整个过程需要动用大量的员工账号来操作。主要适用于电商、品牌商、知名企业等。

比如：招商银行“爱心漂流瓶”采用的就是这种方式。活动中，微信官方改变了漂流瓶的参数，使得合作商家在某一时间段内抛出的“漂流瓶”数量大增，普通用户“捞”到的频率也随之增加；活动期间，微信用户捡到招商银行的“爱心漂流瓶”的机会有 1/10。

由于“漂流瓶”可以发送不同的文字内容等，若使用正确的营销方式，就会产生良好的营销效果。但唯一不足的是，这种方式只能对一小部分微信用户起到宣传作用，毕竟捡漂流瓶的用户还是少数。

3. 在朋友圈和大家一起分享

微信的朋友圈是一个类似 QQ 空间的圈子，在这里大家既可以倾诉自己的心情、分享图片文字，也能够对微信朋友的心情、图片进行评论。

微信开放平台是微信 4.0 版本推出的新功能，应用开发者可以通过微信开放接口接入第三方应用，还可以将应用的 LOGO 放入微信附件栏中，这样微信用户就可以方便地在会话中调用第三方应用进行内容的选择与分享。

比如：美丽说 × 微信。用户可以将美丽说中的内容分享到微信中。微信用户彼此间具有某种更加亲密的关系，当美丽说中的商品被某个用户分享给其他好友后，就相当于完成了一个有效的口碑营销。

其实，微信朋友圈就是在微信上通过一些渠道认识的朋友形成的一个圈子。这种营销功能不仅需要一定的好友数量，还需要企业有不断更新的产品或活动、有新鲜的内容推送，好友才会不断关注，并与其互动。

那么，如何转发到朋友圈呢？

第一，在微信朋友圈里找一个“分享”，长按文字，跳出一个“提示”，选择“复制”。如下图所示：

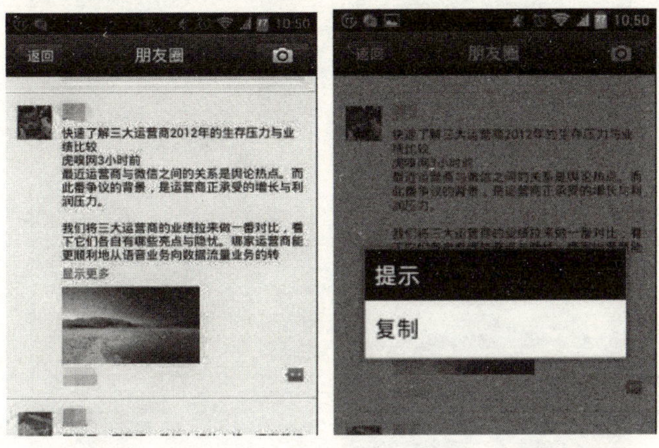

第二，点击图片放大显示，长按图片，跳出一个设置栏。点击“保存到手机”，就可以将图片保存起来了。如下图所示：

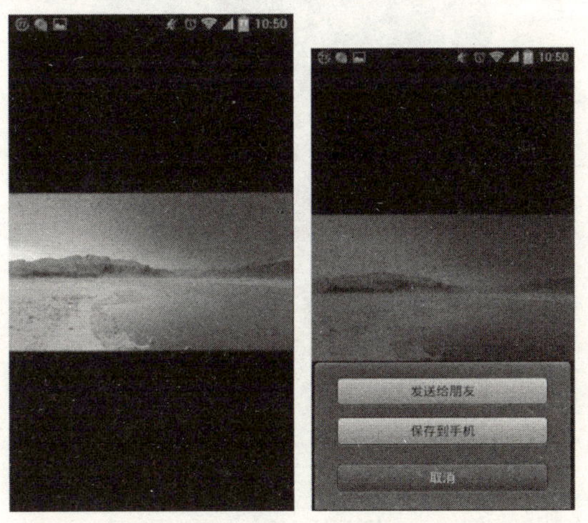

第三，在朋友圈主界面，先点击右上角的相机图标，再点击“从手机相册选择”。选好图片后会自动进入发送界面。如下图所示：

第四，在文字输入界面长按，会跳出一个“粘贴”。然后，点击选择，就可以对文字进行修改。如下图所示：

第五，在发送界面可以对该文章的可见范围进行修改，比如：删除添加图片、添加提醒谁看、显示所在城市……一切就绪后，点击“发送”即

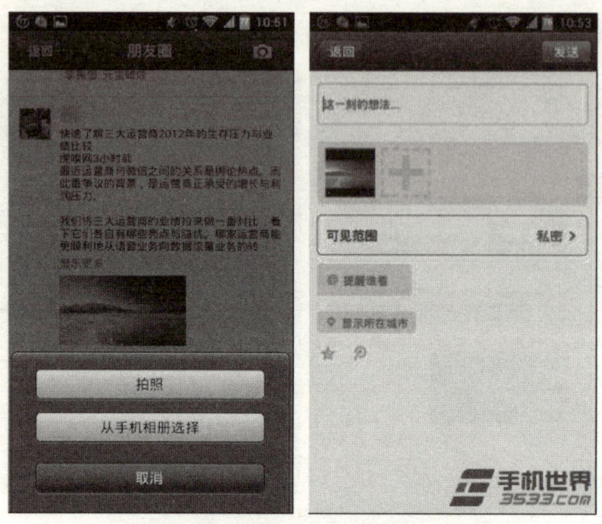

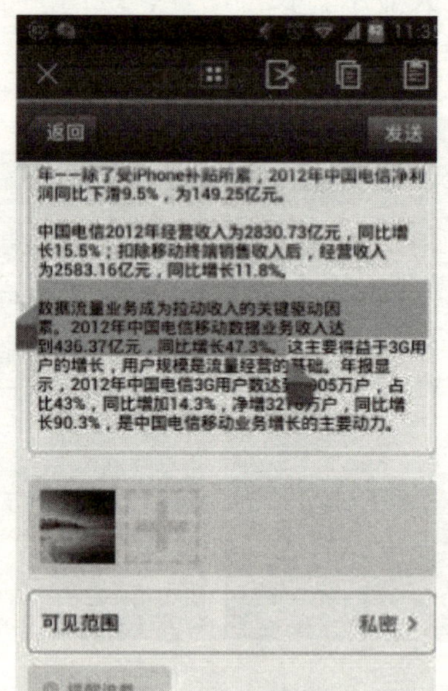

可。如下图所示：

第六，如果发送时选择的是私密，那么，文章会保存到朋友圈的“我的相册”里。如果想将这篇文章公开，可以点击文章；然后在文章界面点击右上角，选择“设为公开照片”即可。如下图所示：

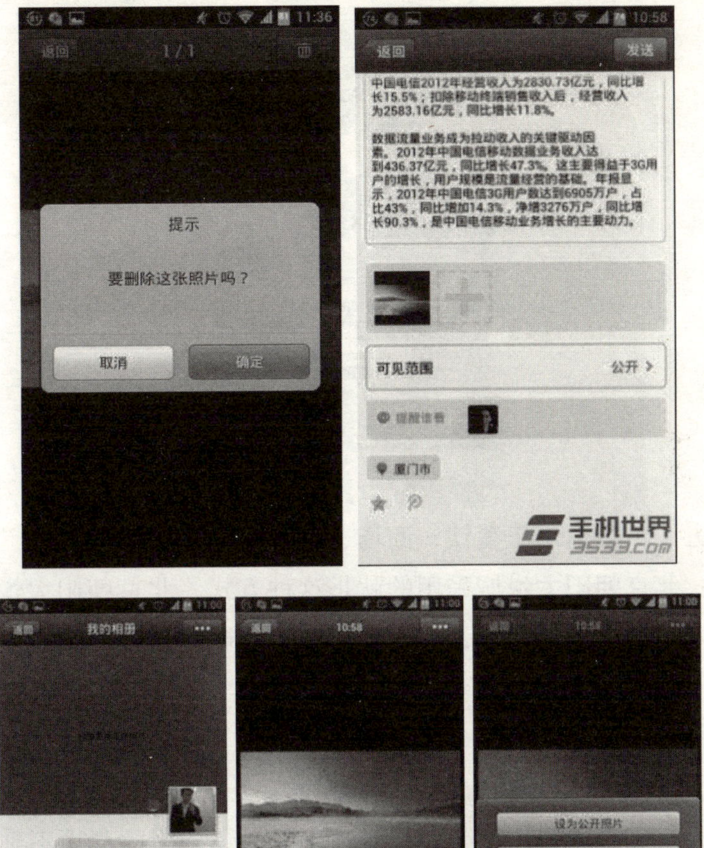

二、公众账号

如何利用公众平台账号来绑定“粉丝”呢？目前，主要有以下几种推广和互动方式：

1. 充分利用“微生活会员卡”为企业谋福利

微信的微生活会员卡，主要是针对地标购物中心而采取的一种营销方式。通过微信扫描商场二维码获得微生活会员卡，不仅可以享受到商家的优惠，还可以了解一些商家的优惠信息和特权优惠政策。

这种方法主要适用于餐饮、商场、超市、百货等。

例如：北京朝阳大悦城采用的就是这种方式。北京朝阳大悦城是第一批使用微生活会员卡的商家，消费者主要使用微信扫描二维码就可以免费获得会员卡；同时，开卡有礼，还有机会获得 QQ 公仔、抱枕或可乐等奖品。

2. 运用“微信签到有礼”吸引“粉丝”

对于公众账号来说，由于不能登录手机微信，因此享受不到查找“附近的人”和“摇一摇”等福利，为了吸引“粉丝”，只能在对外宣传上下功夫。比如：在一些户外广告、电梯广告、宣传彩页、易拉宝上都会有微信二维码。虽然公众微信不能通过早期微博转发有奖的形式来吸引“粉丝”，但可以通过线下活动签到来增加“粉丝”数量。

这种方式主要适用于展会、会议、影院、咖啡馆的聚众地点。

比如：创业影院采用的就是这种方式。创业影院是北京地区最高效的第三方创业投资平台，每个星期都会不定时地举办线下创业投融资对接会，每期都会邀请 TMT、移动互联网等圈内人士、投资界大牛以及创业团队进行面对面交流。这类活动的来宾，绝大多数都是使用智能手机的人群，大多都在使用微信，为了增加“粉丝”，初次参加活动的人只要使用微信签到，都可以得到小礼品一份。

3. 巧用“自定义回复”吸引“粉丝”

目前，公众平台后台可以设置的自定义条目上限是200条，如果是单纯的设置“你好”“地点”“简介”等关键词未免太普通，反而容易让新“粉丝”感到无趣。所以，企业要动一下脑筋，继续挖坑，例如：

首先，设置一下自动回复内容，比如：“很高兴关注我们××××！如果想了解我们，请回复数字1；如果想了解优惠信息，请输入2；如果想了解礼品，请输入3；如果想了解地点，请输入4……”依次类推，就会引起新“粉丝”的互动。当“粉丝”输入数字后，还可以设置下一条内容，一步一步地让自定义回复更有趣味性。

例如：IT茶馆采用的就是这种方式。微信用户只要对IT茶馆表示关注，就会获得相关信息。当“粉丝”回复茶馆惊喜后，系统会自动回复一些优惠信息，如获得××的优惠券、iPhone 4超薄手机壳等。

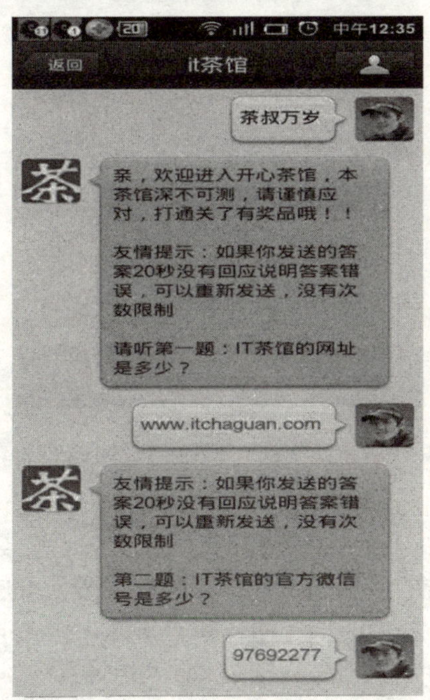

前段时间，IT茶馆微信公共账号发起了一个“开心茶馆”的微信活动，引起了广泛关注。IT茶馆利用微信公众平台的自定义回复功能，以过

关问答的形式和用户形成互动，不仅活跃了“粉丝”，还有力地传播了自己的品牌（上图是“开心茶馆”的第一期题目设置）。

4. 运用“陪聊”与“粉丝”会话

公众平台提供了基本的会话功能，企业可以主动与微信“粉丝”发起会话，进行交互沟通。可是，“粉丝”越多，陪聊的人工成本就越大，所以企业要根据自身的经营范围来考虑是否采取这种方式。

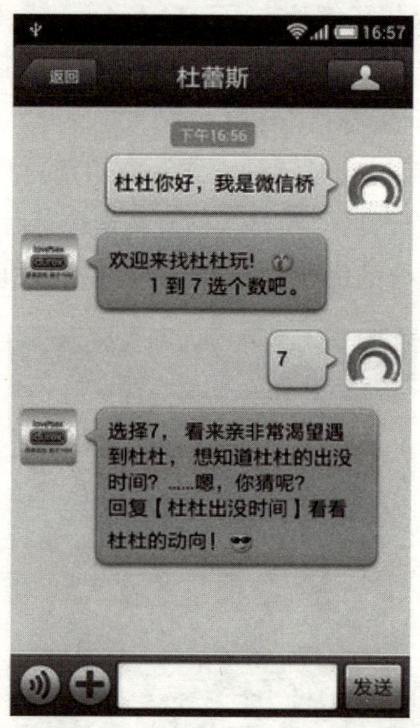

例如：杜蕾斯采用的就是这种方式。为了与“粉丝”互动，杜蕾斯微信团队专门成立了一个 8 人陪聊组，主动与“粉丝”进行真人对话。由于产品的特殊性，企业在互动上沿用了“谈性说爱”的方式。这种营销方式有趣味，容易让“粉丝”接受，调动了“粉丝”互动的积极性和活跃度，如上图所示。

俗话说得好，目的决定行动路线！不管采用哪种方式，企业都要明确自己的营销目的是为了提高品牌知名度，还是为了达成实际销售交易额。

5. 积极利用二维码的妙用

在微信中，用户只要用手机扫描商家的独有二维码，就能获得一张存储于微信中的电子会员卡，凭此享受到商家提供的会员折扣和服务。有些企业就设定了自己品牌的二维码，用折扣和优惠来吸引用户的关注。

6. 和“粉丝”积极开展互动

通过“一对一”的推送，企业可以与“粉丝”开展个性化的互动活动，提供更加直接的互动体验。例如：星巴克《自然醒》。当用户添加“星巴克”为好友后，用微信表达心情，星巴克就会根据用户发送的心情，用《自然醒》专辑中的音乐回应用户。

微信如何让标题飞一会儿

常言说得好：“语不惊人死不休!”微信标题起得越轰轰烈烈，就越能吸引用户的眼球。事实证明，命名一个好的标题，能够提高微信推送消息打开率。那么，如何来为企业的微信标题命名呢?

一、企业微信标题命名的方式

1. 可以巧妙加入一些数字

为了吸引用户的眼球，可以把文章中含有的数字加入标题中，数字越极限（特别大或特别小）越好。这里有两个窍门可供参考：

（1）数字越多越好，比如：《女大学生白手起家一年赚到 300 万元》肯定比《看她如何用 100 元在两天时间内赚得 6000 元》要好。

（2）数字太平常，既不是很大又不是很小，可以化整为零或数据汇总。

2. 可以写得神秘一些

为了给用户以足够的想象空间，标题要尽量写得神秘一点。如果想写 ×× 品牌的雪糕，可以这样写：① ×× 雪糕需要细细品味；②亲吻的味道。很明显，第一句语言比较平实，而第二句更能让人产生想象空间。相较之下，第二个题目更适合。

3. 可以将习语改动一下

将生活中的俗语改一两个字，可以产生意想不到的效果。比如：如果企业做的是××内衣品牌，可以借用“提高回头率”这句俗语，起名为：提高回床率的秘密。

4. 可以引用其他语言

引用其他语言就是借东风，尤其要引用最近网络或社会的流行语。

可以引用的语言有：

（1）引用流行语，比如：“元芳，你怎么看”、“让××飞一会儿”等。

（2）引用经典小说中的语句，比如：“降龙祛痘十八招”、“葵花点痘手”等。

5. 可以给自己的标题上点文艺色彩

如果厂家是生产破碎机的，为了推送破碎机，可以这样定标题：①破碎机的发展历史；②××厂家破碎机；③世界工厂网，破碎机腾飞的翅膀。

二、微信标题的注意事项

打开微信，首先映入眼帘的是标题，好的标题可以吸引人的眼球，无聊的标题往往被遗弃，可以说，有一个好的标题，文章就成功了一半。商家在采用上面几种方法定标题的时候，需要注意以下几方面：

1. 要控制好标题的字数

如果说简单明了是新闻的最大特色，那么，字数就是微信最大的特色。在推送信息的时候，标题要尽量做到不折行，不裂句，字数最好控制在14字，以整行的形式出现，既不会太短也不会折行，形式上更美观。

2. 标题要简单明了

在推送信息的时候，最好能将整个事件的时间、地点、结果都包括进去。题目，相当于文章的衣领，要让用户看到题目大抵能明白什么时间发生了什么事。比如：新闻《南京孩子埃及神庙刻“到此一游”当事人父母道歉》值得借鉴。

这个题目中，介绍了事件发生的地点、人物、结果，用户只要一看到题目就知道发生了什么事。企业在设置标题的时候，也要让订阅者大眼一观就知道发生了什么，这样他们才会及时了解最新的商家资讯。

3. 标题可以采用提问式

如果标题使用的是问句，更可以引发用户的共鸣，如果正好用户也想要知道答案，就会点击阅读。比如：微信账号医疗美容的标题中，就使用了提问式——《有氧减肥，你知道多少》《沐浴也能祛痘，你知道吗》。

当然，不管采用哪种方式，标题都要与内容相符合，千万不要做“标题党”，否则将适得其反。需要注意的是，不管标题怎样起，内容为王依然是微信推送的基本原则；违背了这个原则，微信营销就无从谈起了。

用微信公众平台为圈子营销助力

圈子，是企业资源与社会资源进行交换、整合、匹配的一个魔方，如果企业能够最大限度地扩大圈子，就会掌握更多的信息、人脉和平台，就会取得意想不到的效果。从某种程度上来说，圈子有多大，生意就有多大！圈子有多大，销售额就有多大！

圈子本身就是一个平台，所以企业在推广圈子的时候要应用好平台思维。那么，如何来用微信公众平台做圈子营销呢？

一、将自己的圈子逐渐做大

其实，做圈子营销就是做客户数据库营销。所谓数据库营销，就是企业收集和积累用户信息，经过分析筛选后，通过电子邮件、短信、电话、信件等方式进行客户深度挖掘与关系维护。客户数据库营销的关键就在于企业自身客户数据库的大小。要想让自己的圈子更有价值，最重要的就是做圈子。

企业要想和更多的人进行价值交换，就要想办法把自己圈子里的人数在很短的时间里做到1000人、5000人、10000人，这是企业一定要做的事情。

二、积极寻找目标圈子做广告

众所周知，你的客户同样也是别家企业的客户，你要做的就是找到具有自己目标客户圈子的圈主，支付他们一定的费用，争取在他们的圈子里做产品宣传。在此过程中需要注意：

（1）不要到处寻找自己的目标客户，找一个圈子把自己的产品宣传出去。

（2）顾客要有同样的需求。

（3）顾客要有购买需求。

（4）顾客都在玩微信。这是最重要的一点。

三、想办法做大客户数据库

当企业的圈子做到5000~10000人以后，企业的圈子就更有价值了。接下来，企业要做的就是跟更多的圈主进行资源对接——10000人跟10个拥有10000人的圈主进行合作，形成的影响力就是10万人。当你的客户数据库达到10万人的时候，只要跟10个拥有10万客户数据库的圈主进行对接，就能产生100万人的影响力。

有人可能会发出这样的疑问，跟其他圈主合作，会不会对自己现在的顾客产生影响？其实，这个根本不用担心！在微信平台，合作是一件很容易的事情，只要你能给合作的圈主提供高质量原创内容，对方一定很高兴。当你提供的内容对他们有帮助，他们会越来越喜欢你，因为谁也不会拒绝一个可以帮助自己成长的人。

四、积极跟线下的圈子进行合作

对于线下的圈子，企业也不能忽视。如果企业能够把线上和线下圈子打通，就能快速做大自己的圈子和客户数据库。

线上有很多圈子，比如：商业圈、交友圈等，这些都是最精准的客户数据库营销。

微信营销：创意十二“易”经

今天，微信营销顺理成章地成为一种颇具吸引力的“微营销”方式。可是，当很多企业满怀着搭上微信掘金列车的美好愿望时，却不得不面对一个残酷的现实——车门在哪、怎样上车？

今天，企业拥有自己的微信已经不是什么新鲜事了，很多企业在“微营销”领域中做了大量的工作，有的“粉丝”数量甚至超过了百万，但大多数企业还是获益微薄，这着实让各个企业感到头疼。

2002 年“五一”期间，由陈道明先生代言的某品牌沙发，上演了一场“偷窥无罪”的活动。企业利用小小的微信轻松地获得了上千个精准客户，实现了百万元的成交额。家居广场上，印着四个巨大“二维码”的白色房子成为消费者关注的亮点。

房子上没有任何的品牌信息，只有大小不等的一些洞洞，隐约可以看到里面浮动的人影。消费者感到很好奇，纷纷上前“偷窥”，顿时房子被围得水泄不通。同时，如果围观者拿出手机，扫描房子上的“二维码”，便会将沙发附近店面的优惠信息传送到手机上！

这个活动，让这个品牌沙发的销量瞬间突破了百万。

为什么这种微信营销方式会这么火爆呢？原因只有一个——创意。

随着互联网的出现，人们的消费习惯也随之发生了改变。在这个信息爆炸时代，消费者每天都会接到各种各样的商家信息，时间长了就会出现一定程度的审美疲劳，如果能够将营销做得更有趣一些，让营销变得更“柔软”一些，消费者自然就能在快乐的同时对你的产品和品牌多一些了解。

那么，微信营销如何才能在创意上制胜呢？

一、积极寻找话题，引起议论

做微信营销的时候，设置的话题要富有话题性，最好能引起用户的议论。这样，才能够在消费者当中引起议论和传播，受众面才能扩展开来。

二、不要千篇一律，要有差异性

人们都不喜欢毫无差异的东西，千篇一律只会让人感到厌烦。做微信营销的时候，设置的创意要有差异性，千万不要跟风、模仿。

三、积极满足客户的需要，有诉求

制订营销方案的时候，要设置一个诉求点，而且自始至终只能传达一个诉求点。这样，当这个诉求点满足了消费者需求的时候，他们就会掏钱购买。

四、晦涩难懂无人理，要浅显易懂

企业面对的消费者都是普通人，如果创意艰涩难懂，是不会引起消费者的兴趣的。唯有浅显易懂的东西，才能让人接受，才有利于人们的参与。

五、换个思路，让自己的营销有意义

做微信营销的时候，企业要换个思路，让自己的营销富有意义。因为只有有意义的创意，才能够让消费者感受到创意的内涵。

六、样式精美，给客户以好感

举办微信活动的时候，创意要精美，要给用户一种赏心悦目的感受。如果让人看起来不舒服，怎么能吸引人群？

七、内容适宜，力求差异性

设置推送内容的时候，针对性要强，要针对不同的用户推送不同的信息。如果千篇一律，忽视了不同群体的需求差异性，轻者会引起他人的反感，重者会丢失掉这个潜在客户。

八、不要过于平实，要有艺术性

做微信营销的时候，创意要具有一定的艺术性。无论是营销活动还是消息推送，都要美观，不要过于平实。

九、给自己的微信创造点公益性

今天，很多企业都非常注重公益活动，因为这些能够给企业带来好的口碑。要想赢得利润，口碑相传很重要。如何让微信做的有创意？可以从公益性入手。

十、依托用户，最可靠

好的创意来源于对用户的洞察！创意不是孤立的，它来源于人们的生活；如果离开了用户，创意也会变得毫无意义。

十一、给“粉丝”留下深刻印象

富有创意的东西，一般都会给用户留下深刻的印象，这样用户在下次选购商品或服务时才会想到你。

十二、积极寻找，完美整合

开始微信活动的时候，要有一个好方法——移花接木。将多种元素、活动完美整合在一起，就是一个好创意。

如何将顾客“钓”上门

要想将自己的产品销售出去，离不开用户，因此“钓”用户就成了众多企业的重要任务。那么，做微信营销的时候，该如何精准地挖掘用户呢？

一、从微博群、行业网站和论坛用户直接导入

在微博群、行业网站及论坛用户平台上，聚集的都是具有同样属性的用户群体，他们大多具有同样的爱好，对于行业产品及服务都具有同样相对强烈的兴趣及需求。比如：天涯论坛社区、猫扑社区、搜狐论坛、凤凰论坛、网易论坛、新浪论坛、凯迪社区、强国论坛等都有着很强的影响力，企业完全可以通过上述媒介完成用户的导入。

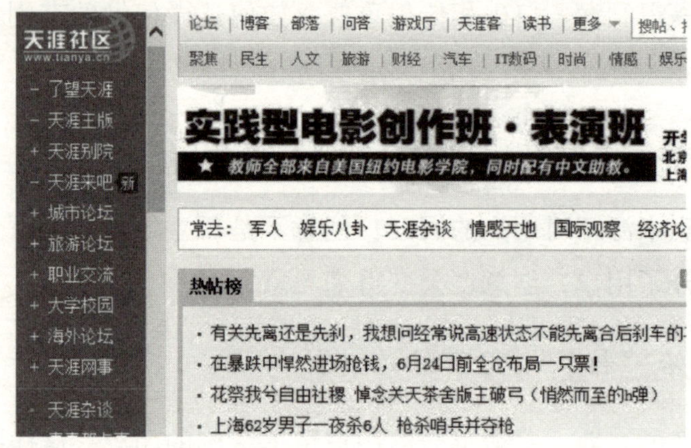

二、利用QQ的力量来挖掘用户

结合企业自身的行业属性，在QQ群中进行关键词检索，就能更好地找到精准属性的潜在用户群。同时，如果能将QQ账号与微信打通，就可以大大增加用户转化的便捷度。

实践证明，通过QQ邮件、好友邀请等方式，能批量实现QQ用户的导入。

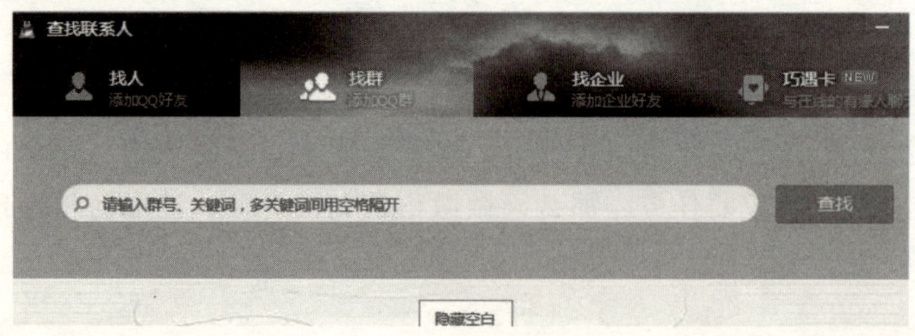

事实证明，通过对相应企业公众账号的推广，可以让企业获得一定比例的有效用户的转化。也许数量有限，但用户忠诚度往往更高。

三、通过公众账号的客户关怀吸引客户

通过公众账号的客户关怀及服务、特惠推广等形式，可以将用户转化为忠诚用户。

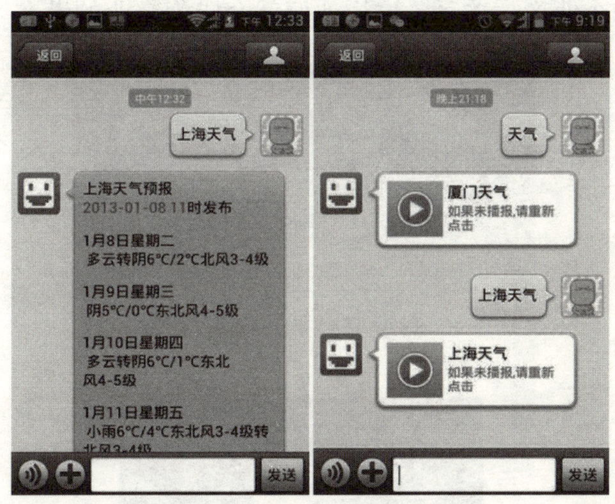

四、结合传统介质和载体做推广宣传

通过宣传单、海报、产品包装、名片等形式，可以将公众账号二维码进行很好的展示及传播。特别是针对具有线下店面的企业和商家，能更好地吸引用户实现重复购买。

用微信将“粉丝”拉过来

做微信营销的时候，如何拉“粉丝”才是最有效的呢？

一、制造一些有效的互动

互动是微信的王道。那么，如何实现和“粉丝”的互动呢？具体可以采取以下几种方法：

1. 语音

这是罗振宇的“逻辑思维”的做法，每天罗振宇都会发一段语音。“粉丝”只要回复语音中的两个文字，就可以看到一篇好文章。

2. 测试游戏或调查问卷

不管是测试游戏，还是调查问卷，都需要用户的参与。一旦用户参与其中，就会和企业产生关系，这样他们就会成为企业的潜在“粉丝”。

3. 用户投稿

当企业推出了一种新产品的时候，可以鼓励用户积极投稿，发表一些使用体验。这样做，不仅可以紧紧抓牢投稿的用户，还能扩大产品的影响力。如果用户体验不错，其他潜在用户就会尝试使用，这样传来传去，“粉丝”量就会增加。

4. 对用户的留言进行回复

要想留住“粉丝”，就要及时对用户的留言进行回复。这样，他们才能获得被尊重的感觉。而且，有些人之所以不购买你的产品，很可能是因为心中还有疑问。如果对他们的疑问进行了解答，不就可以促成交易了吗？

输入快递名称+运单号，可以快速查询快递的详细动态，收件从此不用愁。
例如：天天快递130004442691

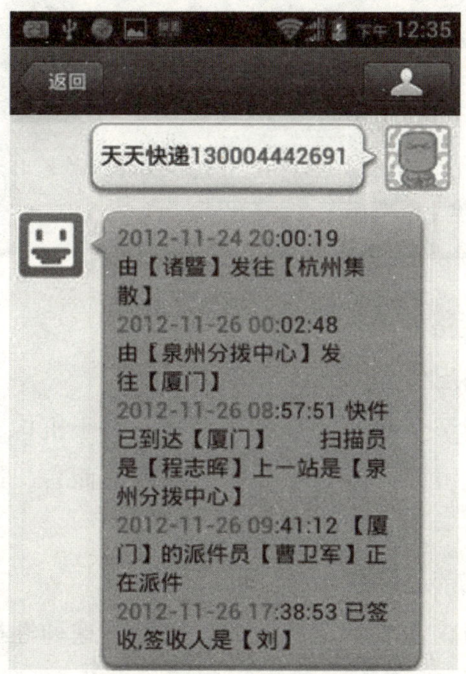

二、编写一些有性格的内容

金山软件公司董事长雷军曾经说过一句话：“病毒营销的关键不在渠道，而在内容。”这句话同样适用于微信，但是，不同的是，微信的内容必须有性格。

每天，微博上都会发很多信息，而微信公众账号基本每天只能发一条，这就要求内容更加性格鲜明、与众不同。

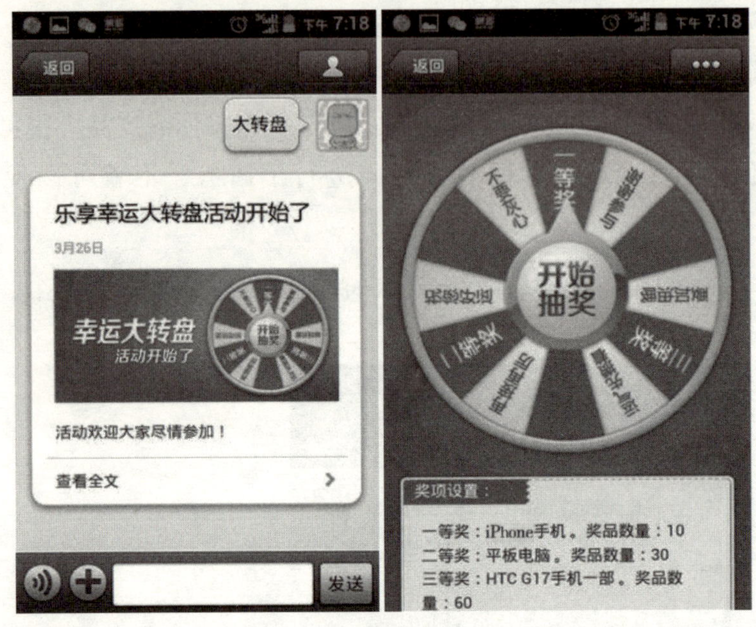

那么，如何来打造“有性格的内容”呢？

首先，要确认企业的产品定位。

也就是说，要起一个有利于企业的公众账号名字。对于机构、媒体账号来说，用自己的品牌名字就可以。但对于企业公众账号而言，最好选择自己的名字，当然也可以选择一个有性格的名字。

其次，要把产品定位变成产品性格。

只有先界定你的微信性格，才能确定其他的。微信的这种性格更加强烈，而且这种性格是全体验的，比如：微信回复语、自我介绍、微信文章……都要做到。

最后，要注重商品指数。

要想制作“有性格的内容”，另一个关键是商品指数。微信上，只有商品的指数比较高，才能获得高传播，才能获得高的“粉丝”增长量。

三、积极寻找有效的渠道

如何来寻找“粉丝”呢？目前来看，以下几种渠道是比较有效的：

1. 从微博上拉粉

微博是一个“粉丝”的聚集地，要想办法植入公众账号或者二维码。

2. 通过门户的科技专栏

有条件的可以通过门户的科技专栏来拉“粉丝”。比如：在网易科技发一篇关于苏宁改名的专栏，在文章最后加上微信公众账号，效果也不错。

3. 朋友圈的推荐

朋友圈是一个大的受众群体，如果能够利用好友圈的推荐功能，你的“粉丝”也会急速增加。

4. 微信公众账号的互相推荐

微信公众账号之间是可以互相推荐的，今天你给他推荐一个“粉丝”，明天他就给你推荐一个……这样，时间长了，彼此的“粉丝”都会增加很多。

质量制胜——巧妙提高微信“粉丝”的质量

一般来说，营销人员都非常看重“粉丝”的质量。为了应对微信“精准投放”的优势，新浪和腾讯微博在个人页面均推出了“阅读量”的参考值，不过这个“阅读量”只能由博主自己看到。随之“阅读量”则成了广告商进行广告投放的新参考。

随着时间的推移，微信也将有可能慢慢出现大量的“僵尸粉”，比如：刷粉的微信公众账号。那些“刷粉”公司首先会注册大量QQ号，然后用这些QQ号注册微信号，再用这些微信号关注公众账号。

其实，微博上显示的阅读量有些偏高，因为很多都是博主和“粉丝”量的叠加；而且，“粉丝”对信息的接收度不一样，扫一眼就过去和认认真真听一分钟语音，对信息的接收完全不同。

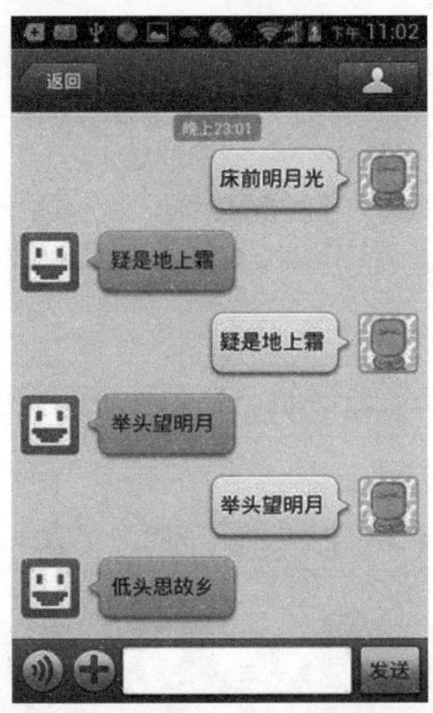

可是，微信“刷”来的“粉丝”所带来的阅读量，并不能成为核心影响力。微信运营的影响力依据不局限于“粉丝”的量，更重要的是“粉丝”的质！

那么，如何来提高微信“粉丝”的“质”呢？这就需要有一个完整的团队进行操作，同时这个团队必须满足以下要求：

（1）具有一定的市场营销能力，善于挖掘客户潜在需求，可以积极开展互动活动。

（2）具有一定的策划能力，能够将企业的品牌潜移默化地植入"粉丝"记忆中。

（3）能够收集到大量的和公众账号定位相关的资料，并把它们变成企业的软文。

（4）有调查统计能力，善于制造与客户的接触点，能让公众账号二维码接触到目标客户。

一"宝"在手，"粉丝"都有

对于微信营销来说，一千个微信"粉丝"相当于十万个微博"粉丝"，获取微信"粉丝"就是微信营销中最重要的工作之一。那么，如何来获取"粉丝"呢？这里给大家介绍几个法宝。

一、不可忽视了二维码

二维码是企业进行微信营销的重要环节，尤其是在线下推广方面。在制作二维码的时候，要注意：

首先，要让自己的二维码好看、有个性，能诱惑人拿出手机去扫一扫。

其次，在处理企业微信营销的时候，要尽量把企业的名称、主打产品的名称、企业 LOGO 等企业信息在二维码上体现出来，这样才有利于传播。

二、在账号域名上多下功夫

在微信营销中，账号域名是非常重要的。现在，设置域名的时候，很多企业都喜欢用“.”之类的符号，虽然看起来比较好看，但是不利于记忆，更不便于“粉丝”和目标人群输入和搜索！

所以，企业在给自己的微信公众平台取名的时候，一定要从目标人群输入的环节出发。为了便于传播，企业的微信公众账号域名要好记、好看，更要好输入。

取名的时候一定要做到：便于记忆；便于目标人群输入；不一定越短越好，但是要尽量短；尽量不要使用各种符号。

三、导航网不可全信

在进行微信公众平台线上推广的时候，首先要把能展示自己的地方都用上，比如：企业的官网、官方微博、论坛、博客等。但是，一定不要迷信导航网，因为企业做微信营销的目的是推广自身的产品和品牌。

四、做好线下工作

当下，很多企业已经开始重视微信营销，他们在传统的报纸、电视、公交站牌等媒介上都放上了自己的微信二维码和微信账号域名，收到了非常好的效果。

随着微信闭环的完成，在微信上完全可以完成从市场调研、品牌传播、客户维护、客服咨询、销售到售后跟踪等所有工作，企业只要宣传自身的微信公众账号，把目标人群吸引到这一平台上，就可以完成所有工作了。

未来企业的广告宣传端口一定都会把自己的微信公众平台放到最显要的位置，在做线上推广的时候，企业一定要做活动策划。如果只是单纯地做线上推广，是很难实现转化率的。

微信营销能不能取得理想的成绩，主要看活动的策划，企业要根据自身的情况想办法让“粉丝”制造“粉丝”，让“粉丝”宣传“粉丝”，让“粉丝”推荐“粉丝”。

增加“粉丝”活跃度，有效减少“僵尸粉”

如何来增加“粉丝”的活跃度呢？

一、设置一个好栏目

如果想玩转微信公众平台，企业一定要考虑“栏目”问题，要想想：自己的目标人群希望看到什么样的问题。如果企业设置的栏目便于“粉丝”阅读和选择，就会产生好的用户体验。

一般来说，企业在设置栏目的时候都会从产品、资质、获奖、联系方式等多个方面进行。这些都是次要的，最重要的是让“粉丝”一眼就看到这些栏目。比如：可以通过每天的群发信息告诉“粉丝”。

同时，还要想办法让“粉丝”一下看到这些栏目——“粉丝”提到什么就看到什么，比如：“粉丝”说“资质”，就可以让他看到有关企业资质的内容页面。

如何来实现这一点呢？这就要依赖于关键词的设置了。注意：关键词的设置越细越好。

二、巧妙安排栏目内容

微信上可以放些什么内容呢？可以是文字、图片，可以是语音、视频、音乐，可以单独设置一个图文信息，也可以一下发多个图文信息……只要能够让“粉丝”看了依赖我们，都可以放上去。

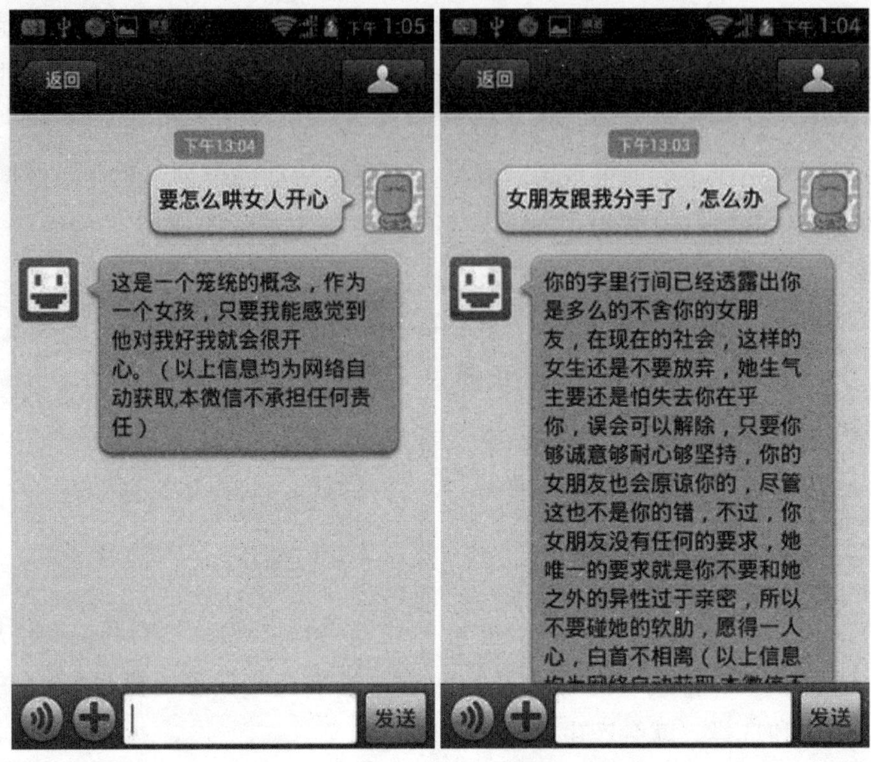

设置栏目内容的时候，有些技巧也是需要掌握的，比如：有的企业每天用美女给“粉丝”报道相关资讯，有的企业把自己的微信公众平台制作成了一个媒体模样。总之，企业可以充分挖掘自身的策划能力，想怎么做就怎么做，重在有个性，有区分，要让“粉丝”满意。

三、提供的功能要符合用户需求

企业要充分考虑目标人群的需求，比如：学校的微信公众平台要有翻译功能，制造业的微信公众平台要有股票查询功能等。

如果企业的目标是为了建立自身品牌，最好设置一些和自己息息相关的个性化功能，比如：亿享的火车查询、南航微信开通办理登机牌功能等，对于自身品牌的推广都有着巨大的推动作用。

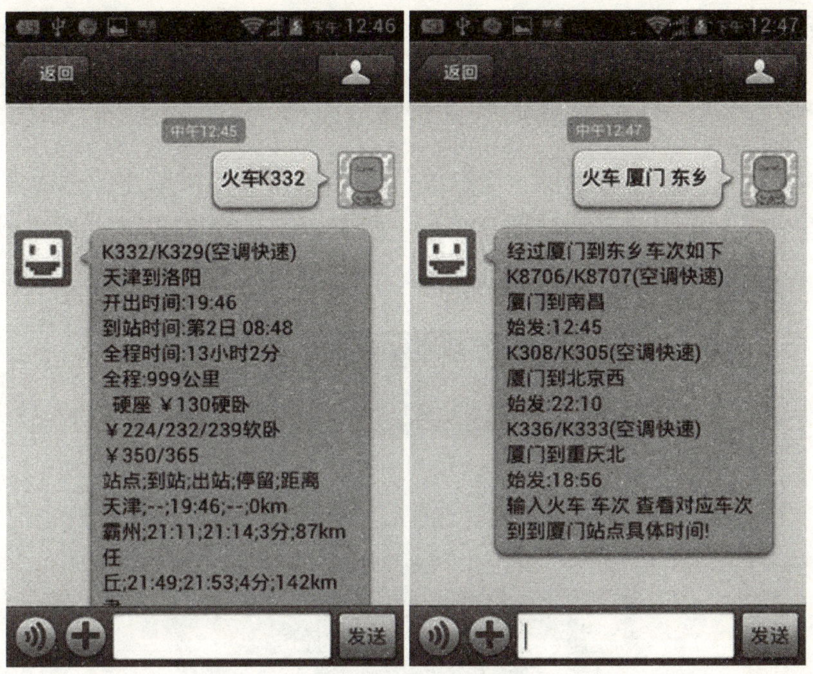

让“粉丝”的价值最大化

要想充分挖掘“粉丝”的价值，就要让“粉丝”爆发，具体可以从以下几方面做起：

一、和“粉丝”保持和谐的关系

微信是一个私密的、一对一的端口，为了让这种关系升级到依赖，企业首先要和目标人群保持“我和你”的关系。

二、想办法让“粉丝”产生“粉丝”

只有让“粉丝”产生“粉丝”，才能让“粉丝”真正爆发，所以企业在明白了栏目和策划活动意义后，要把重心放在如何让“粉丝”主动传播、让“粉丝”产生“粉丝”上。

要做到这些，企业不仅要在栏目、内容、功能等多个方面深入挖掘，还要策划好活动和话题。

三、掌握嵌入式的销售技巧

如果设置了栏目和功能，“粉丝”就能根据自己的需求直接在企业微信公众平台上实现信息的反馈；再加上微信的私密性特点，企业可以直接有针对性地和“粉丝”进行咨询互动。

很早以前，企业进行营销的时候都是吸引目标人群来咨询，然后想办法要对方的联系方式；现今的微信营销则完全颠覆了这种模式。

企业做微信营销的时候，往往都是先有了目标人群的私密联系方式，知道了他们的需求；企业多采用嵌入式的销售技巧，根据目标人群的特性来设置栏目、命令和功能。

用微信会员卡做营销的“不二法门”

微信会员卡是在腾讯公司的各种产品基础上，延伸出来的一个全新产品，主要专注于生活电子商务与O2O。依靠腾讯亿级的用户群体，借助微信、微博、手机QQ等手机产品，通过微信会员卡就能让更多线下与线上的用户享受到移动互联网的便捷。

那么，如何来利用微信会员卡做营销呢？

微信在公众平台中引入了自定义回复功能，提供了一个非常重要的应用接口，为打造基于微信的Lite App Store提供了可能。通过该接口，第三方软件公司一卡易就可以快速和微信会员卡形成对接。这样，一卡易手机会员卡不仅可以招募会员，还可以手机刷卡、查看消费数据，甚至还能与商户进行订购或预订。

在公众账号后台，自动回复中就可以配置接口信息，如下图所示：

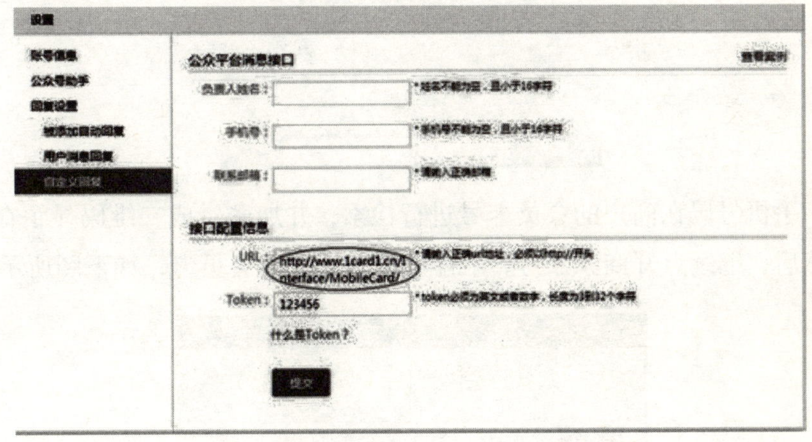

商户可以在这里申请公众账号、设计宣传招募海报，如下图所示：

顾客扫描二维码，添加“卡西图”为好友后，就可以发送“一卡易”收到回复信息，如下图所示：

如果是新会员，就会提示其注册会员；如果是老会员，一卡易服务器就

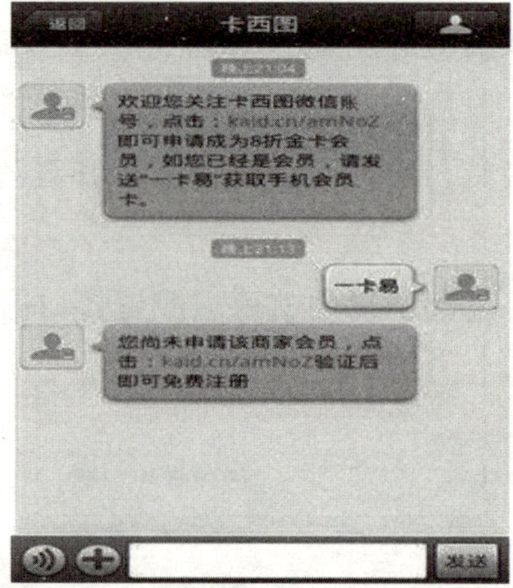

会对该手机号码在商户的会员卡号进行检索，并加密生成二维码显示在微信中。然后，继续点开商家账号，就能够进入其手机会员卡，如下图所示：

二维码刷卡器会解密手机会员卡中的二维码，并将其传输到商户原有系统，自动识别会员身份，如下图所示：

这样，会员不仅可以在手机会员卡上查询积分和消费记录，还可以在线预订服务和订购商品，所有的数据都是通过一卡易服务器获取的。

用微信公众平台的实名制与认证保驾护航

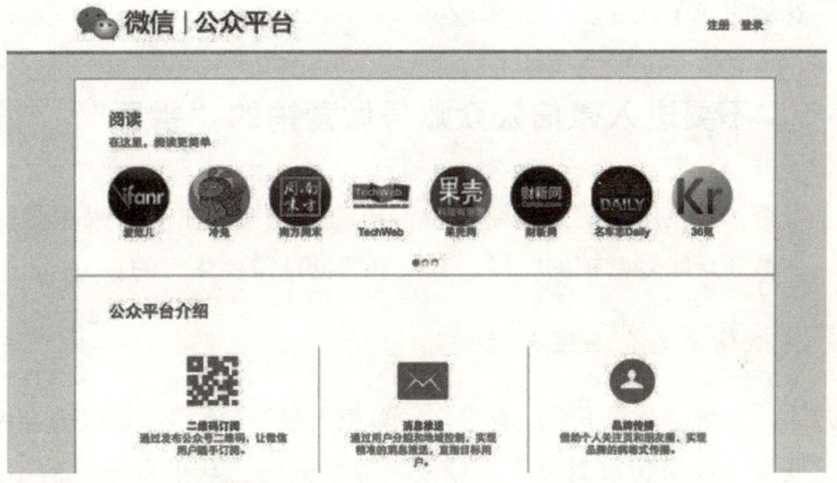

随着微信用户数量的不断高速增长，用户及潜在市场价值不断凸显，而信息的真实有效性也必将受到更高级别的重视。

微信公众平台的这些实名制和认证举措是对企业进行微信营销的保驾护航，能够有效保护企业的品牌和产品的利益，避免冒名顶替事情的发生，因此，企业在开展微信营销时最好进行实名认证。

随着新版本的发布，微信公众平台也作出了重大调整。为了加强监督，公众账号持有用户必须进行实名登记，不仅要录入身份证号、手机号、住址等信息，甚至还要按照要求上传“手持身份证照片”。

微信公众平台认证目前主要分为三大类：阅读、媒体和明星。其实，微信认证并不难：

（1）企业要有500个“粉丝”，这是基本的门槛钥匙。

（2）如果企业直接超越了500个“粉丝”，就可以直接进入微信公众平台后台。

（3）点击“申请认证”，进入提交入口页面，企业有两种方式选择：腾讯微博认证和新浪微博认证。

（4）完成与微博账号的绑定之后，用户要签署一份微信公众平台认证用户承诺书。

（5）登录腾讯或者新浪微博，将微信公众账号开通的信息分享到微博即可，这就完成了认证。

不要进入微信公众账号做营销的“雷区”

不可否认，使用微信公众账号做营销确实能够给企业带来很多好处。可是，在做公众账号营销的时候，有些事情也是需要注意的。

一、微信是为企业服务的

过去，在微信公众平台上有很多“草根大号”，他们都是以内容为王，但是这些号已经纷纷被封掉了。今天，随着微信公众平台端口的不断开放，企业应该明白的一点是——微信就是为企业服务的。

二、为自己确立一个合适的微信主题

确立微信主题，是企业微信营销的根本所在，也是体现与同行差异的

关键点。对于企业来说，一定要摆脱微博营销的影响，不要直接用企业的名称做微信号，要在内容和功能上进行品牌化的传播，因为微信营销的宗旨就是让企业的目标人群依赖于己。

当然，企业在进行微信营销的时候会维护一些“辅助”的微信号，有了这些号，不仅能够经营“粉丝”，还有利于企业品牌的传播，这是最重要的。

三、用内容来吸引“粉丝”

对于微信营销来说，内容是做服务的。如何让内容受到大家喜欢？如何才能不流失掉“粉丝”？如何实现自然增加“粉丝”？……所有的这一切都要依赖于内容的运营。

身高单位为cm 体重单位为公斤
输入：身高173 体重56 或输入：高173 重56

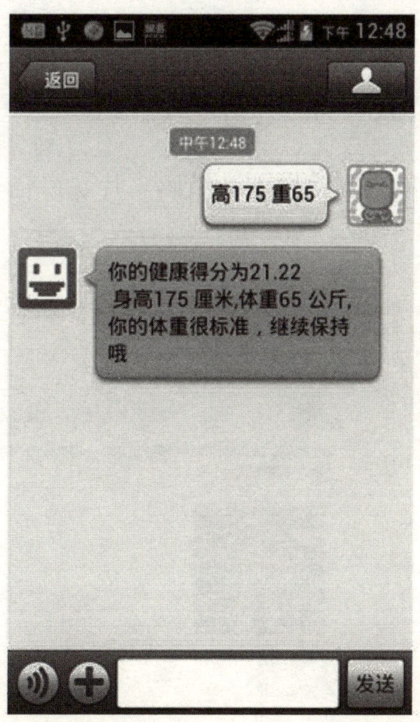

注意，这里的内容不仅包括文字，还包括图片、语音、视频等相关内容。

四、微信营销也是一把尖锐的利器

微信营销不是单一的推广工具，而是一个综合性极强的营销利器。企业在推广自己的微信公众账号时，要针对自己的目标人群、精准人群做全面性推广。

正确使用微信公众平台，效果更胜一筹

不可否认，微信公众平台确实是个好东西！使用微信公众平台推广会给企业带来意想不到的效果。那么，如何来使用微信公众平台呢？

一、注册微信公众平台账号

内容详见“申请微信公众账号，开启微营销之旅”一节。

二、设置微信公众账号

首先，要设置三项内容：微信二维码名片、微信号和微信头像。

（1）微信头像，既可以使用网站的 LOGO，也可以使用公司形象。

（2）微信号，最好与公司或者网站有一定的关系。

（3）确定头像之后，也就确定了微信二维码，企业就可以拿着自己的微信二维码进行宣传了。

为了更好地与用户进行互动，可以添加“自动回复”和“用户消息回复”。其中：“自动回复”是用户第一次进入企业微信对话框时所呈现出来的欢迎语；“用户消息回复”是用户给你的微信发送消息后，将要得到的回复。

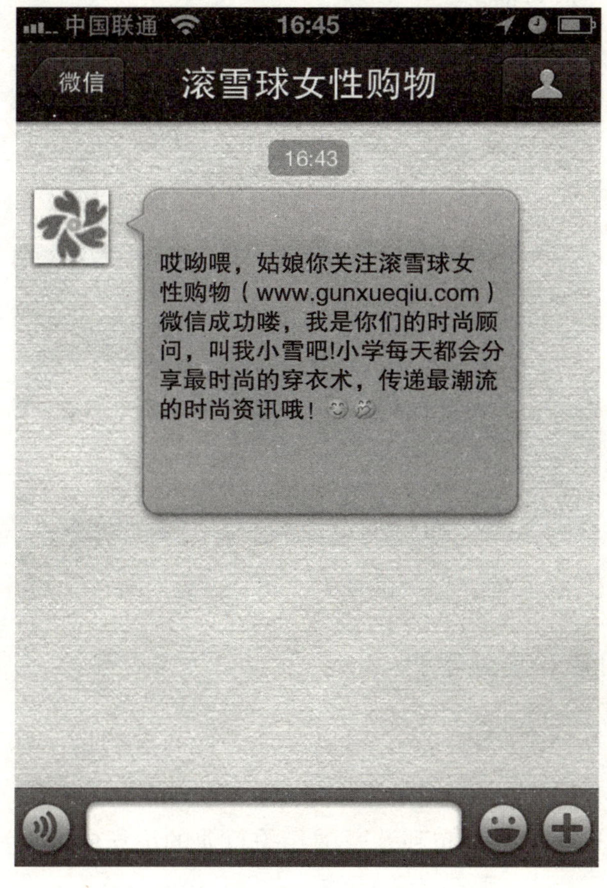

三、做好微信群发

微信最强大的功能就是微信群发，而且这项功能还是免费的。微信群发一旦与“自定义回复”结合起来，会成为一种非常厉害的营销方式。

企业可以不定期地将本网站最新的消息群发给用户，并且给用户做一些提示，比如：回复指定内容可以收到更多消息、“了解微信漂流瓶请回复3”等。

在“自定义回复”中，可以进行相应的设置：

（1）“添加规则”中，可以随便填入规则名。

（2）在左侧的“关键词”一栏中，选择“添加关键词”，并填入“2”。

（3）在“回复”一栏中，先选择一种企业要发送的内容格式，然后填入回复内容，保存即可。

这样，一轮微信营销就开始了。

将企业微信公众账号推广出去

如何来推广企业微信公众账号呢？可以采用下面几种方法。

一、使用论坛发帖推广

使用论坛发帖推广的时候，可以设计一篇简短的推广软文，在软文中融入企业的推广信息，并在软文后面插入企业微信公众账号和微信二维码；然后，把这篇软文发布到互联网相关行业的论坛中即可。

二、使用 QQ 群进行推广

使用 QQ 群进行推广的时候，可以设计一段精彩的广告，在广告中融入企业的推广信息，并在广告语后面插入企业微信公众账号和微信二维码；然后，把这段广告发布到各个相关行业的 QQ 群中就可以了。

三、使用微博进行推广

使用微博进行推广的时候，可以设计一篇 140 字左右的微博，在微博中融入企业的推广信息，并在插入的微博图片中加入企业微信公众账号和微信二维码；然后，通过大量的草根微博来转发或直发。

让微信公众平台的互动更有趣

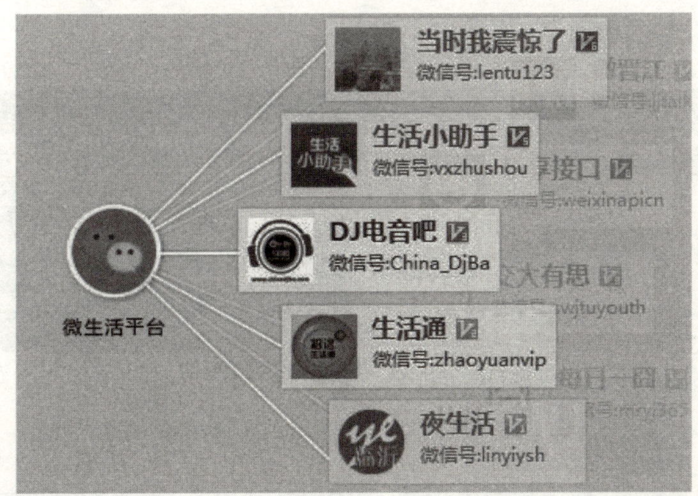

要想引起用户的注意，和他们进行互动必不可少。事实证明，若企业能够设计一系列活动和“粉丝”进行互动，可以让自己的产品更具吸引力，增加更多的趣味。

那么，如何来增加微信公众平台互动的趣味性呢？

一、创造机会让“粉丝”表现自己

去旅游时，很多人都喜欢拍照，有些人甚至还喜欢将照片展示在微博、空间、微信朋友圈……“粉丝”一般都喜欢表现自我个性、感受和想法，企业完全可以利用这一点。

微信沟通是私密的，要让“粉丝”在企业的公众平台上表现自我，可以采用的方法有：找机会向“粉丝”推送用户的独特评价、给用户个性化推荐等，让自我表现成为用户体验的一部分。

二、设置合理的奖品打动用户

什么样的奖品最能打动人？用户真正需要的，能让用户感到关怀的！比如：在“三八”节这一天，很多商家都会推出关于女性用户的促销活动，如购商品送玫瑰花；满 ××× 元送厨房用品……这些都是用户喜欢的。如果遇到了“六一儿童节”，完全可以给孩子送一些小礼物，既能宣传自己，又能获得“粉丝”，何乐而不为？

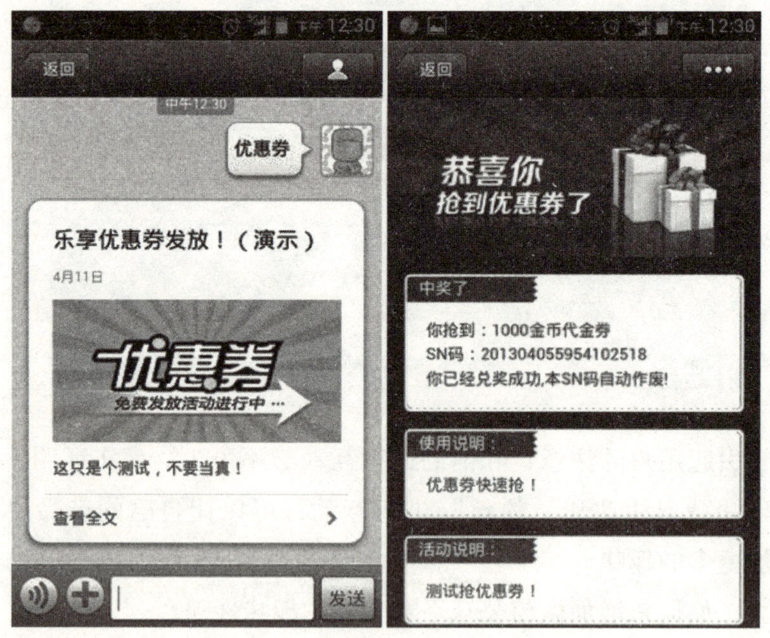

三、活动不能雷同，要有差异性

这里的差异性主要体现在以下两方面：

首先，形式的差异。当众多公众平台都在推送纯文字的答题有奖等活动时，企业则可以独辟蹊径，采用图片和声音的形式与“粉丝”互动，比如：成语接龙、猜歌名等。

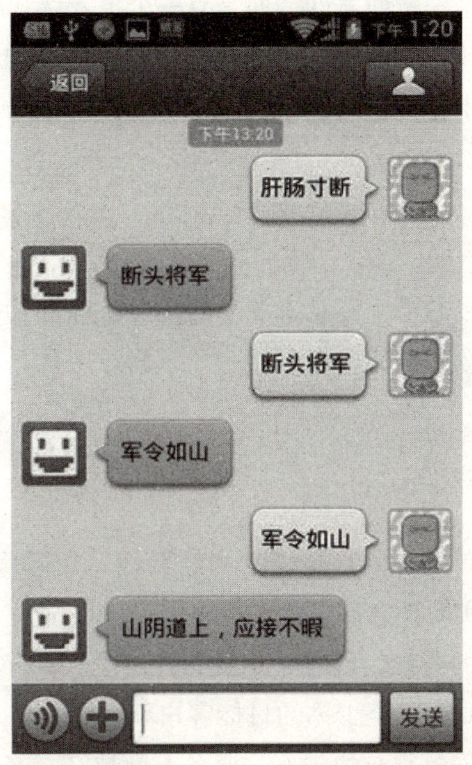

其次，内容的差异。比如：11 月 11 日是光棍节，可以为单身贵族设计一些互动活动。

四、鼓励“粉丝”探索积极的信息

为了增加平台的趣味性，就要鼓励“粉丝”对推送信息进行积极的探索。要让“粉丝”所知道和想知道的信息之间存在空缺，给用户制造神秘感。企业可以设法将已知的信息转换成某种谜题，鼓励“粉丝”去进行探索。比如：在公众平台设置一些有趣的关键词回复，或者一对多的回复，凭概率给“粉丝”输送相关的内容，增加“粉丝”的探索兴趣。

如何通过微信公众平台植入认知

微信营销并不是一蹴而就的，而是有一个植入认知的过程。

认知过程是人接收、储存、加工和理解各种信息的过程，也就是人脑对客观事物的现象和本质的反映过程，主要包括感觉、知觉、记忆、思维等。

一、感觉

用户对公众账号的第一感觉来源于名称、头像和功能介绍，其中名称是不能修改的，头像和功能介绍只能一个月修改一次，在注册时一定要慎重考虑。

二、知觉

知觉的形成具有选择性、整体性和经验性。在微信公众平台运营中，表现为推送消息和实时消息回复的积累。

（1）推送消息的时候，内容一定要有针对性。所有企业都可以推送的内容，用户是不需要的，至少你的目标客户不需要。

（2）实时消息回复得越快越好，服务态度越好、客服人员越专业，越有利于口碑相传。

三、记忆

记忆是用户形成认知不可或缺的过程。用户经常会进行选择性记忆，他们总是根据自己的需求，在信息中挑选出对自己有用、有利、有价值的信息储存在大脑中。由此可见，提升公众平台的价值属性是非常重要的。企业可以通过以下几个问题进行衡量：

你的公众账号能否解决用户的专业问题？

当用户需要时，能否及时得到回复？

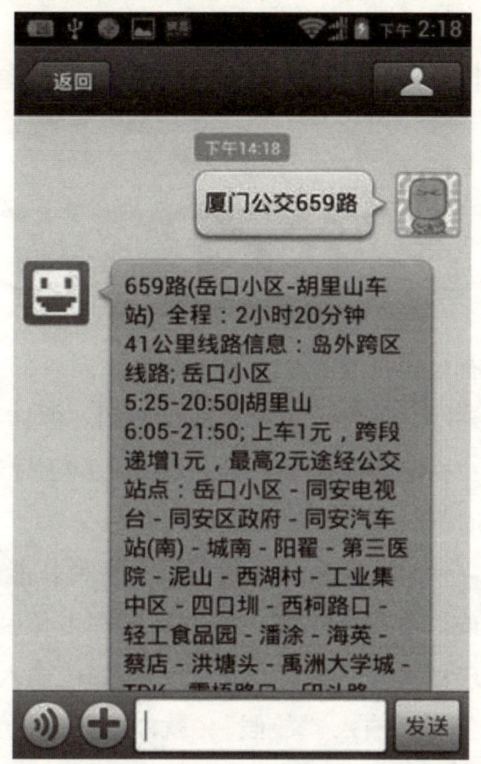

你的公众账号能否被轻易替代?

微信公众平台背后是个怎样的人?

以对话的形式进行消息的推送，会给用户带来温暖的感觉。推送消息时，要营造一个良好的氛围，千万不要发“产品说明书”。

四、思维

思维是认知过程的核心。信息传播过程，其实就是一个编码与译码的过程，很多时候用户都不能正确理解企业推送消息的译码。为了提高用户的兴趣，要适当给用户预留一些问题，让他们自己思考；然后，企业可以将他们的思考结果收集起来，完成对企业有利的认知。

如何用微信公众平台建立办公百事通

今天，几乎所有公司都有一个工作QQ群，同事们平时都可以通过这个群上传资料、通知等，使办公生活更加得便利。但这些方便却给有些同事带来了种种问题：由于通知、资料等只有在电脑上才能看到，致使很多人放假却忘了上班时间，见客户时却没带资料……

其实，只要建立一个公司内部的微信公众平台就能解决这些问题：企业只要将最新通知或者办公、见客户所需资料都上传到微信公众平台中，同事们只要输入相应的关键词就能够获取。比如：输入“会议”，就能够获取开会时间和办公室；输入“放假”，就能够得知企业的假期安排；输入“钥匙”，来得早的同事就可以知道找谁来开门……

一般来说，微信公众平台建立的办公百事通有以下几个优点：

（1）许多紧急通知，比如：周一的紧急会议，员工只要一开通微信，就能收到通知。

（2）对于代理商、连锁或者分公司来说，只要发一条微信消息，就能够获取总部的相关信息。

（3）员工与客户洽谈业务时，无须带各种资料，只要需要时向公众平台获取即可。

（4）很多通知、安排等百事通也会提醒。

但是，在建立办公百事通时，要注意以下两点：

（1）设置同一条信息的时候，要使用尽可能多的关键词。比如：假期安排这条消息，可以设置“放假”、“假期安排”、“什么时候放假”等多个关键词与之对应。

（2）建立关键词保密系统。在这个平台中，有些资料是仅供管理层使用的，可以将关键词设置得更加巧妙一些，如“分舵会议”、“堂主培训”等。

成功的微信公众平台营销如何做

微信公众平台一经推出，即刻在企业内掀起了一股微信营销的热潮。只要发布公众账号、二维码，企业就可以获得用户的关注，就可以更加精准地将企业消息推动给目标客户。那么，企业该如何利用好微信平台来开展营销呢？

一、利用“意见领袖”做营销

企业家、企业的高层管理人员绝大多数都是意见领袖，他们的观点具有相当强的辐射力和渗透力，对大众言辞有着重大的影响作用，潜移默化地改变着人们的消费观念，影响着人们的消费行为。

做微信营销的时候，为了刺激用户需求，可以将意见领袖型的影响力和微信自身强大的影响力结合起来，激发用户的购买欲望。

比如：小米创办人雷军，就是最好的“意见领袖型”人物。雷军利用自己的强有力的微博“粉丝”，在新浪上简单地发布了关于小米手机的一些信息，就得到了众多小米手机关注者的转发与评论；而且，通过这些转发，他们还了解了消费者的想法和需求。

二、巧妙使用“病毒式”营销

微信，即时性强，互动性强，有着极强的可见度和影响力，适合“病毒式”营销策略的应用。

微信平台的群发功能可以有效地将企业拍的视频、制作的图片，或是宣传的文字群发到微信好友中。企业可以利用二维码的形式发送优惠信息，让用户主动为企业做宣传，激发口碑效应，将产品和服务信息传播到

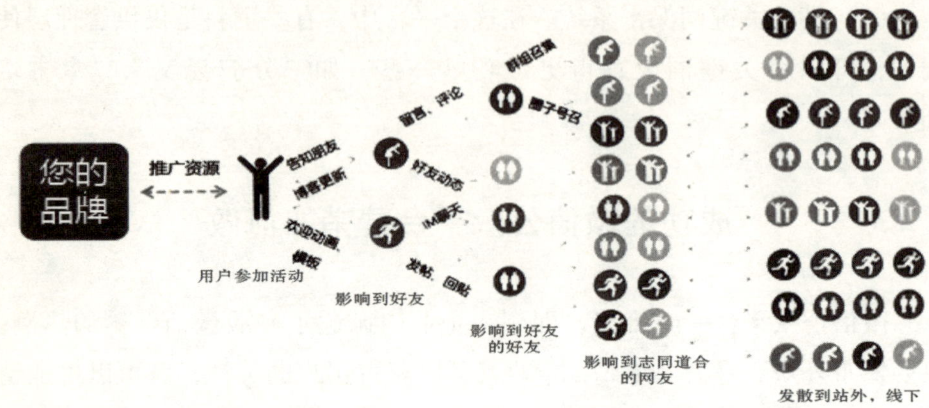

生活的每个角落。

这是一个经济、实惠、有效的促销好模式。更多的商家都在第一时间给自己的品牌或是产品、公司申请了微信二维码，如新浪。今天微信二维码“病毒式”营销已经开始了。

三、视频、图片也能做营销

如何来运用“视频、图片”营销策略开展微信营销呢？

首先，要在与微友的互动和对话中寻找市场，发现市场，为特定市场、潜在客户提供个性化、差异化的服务。

其次，要善于借助各种技术，将企业产品、服务的信息传送到潜在客户的大脑中，为企业赢得竞争的优势，打造出优质的品牌服务，让企业的微信营销吸引客户的眼球。

怎样用二维码“亮瞎”用户的眼

推广微信公众平台的主要形式是推广其二维码，企业只要将公众平台的二维码下载后，放置到线上、线下各个角落即可。

微信公众平台不能在手机上自动生成各种形状的个性二维码，为了吸引眼球，需要下载后自行设计。比如：牛奶厂商可以将二维码设计成这

样，效果一定不错！

如“免费午餐”个性二维码。“免费午餐”是由邓飞等500多名记者和国内数十家媒体联合中国社会福利基金会发起的公益项目，与支付宝合作，在手机客户端上推出了“免费午餐”捐款的功能。

智能手机用户只要下载支付宝手机客户端，打开其中的“悦享拍”功能，用手机摄像头扫描一下捐款专用二维码，就能向“免费午餐”捐款3元，也就是一个孩子的一顿午餐钱。

该活动利用261颗M&M豆设计出了拍照后可以利用支付宝支付的二维码，公益爱好者只要通过支付宝拍照，就可以立刻捐款（现在活动已结束）。

如何用微信二维码做营销

微信作为一个极具影响力的网络交互平台，不仅改变了人们的生活，也改变了企业的运作。二维码营销是在O2O（线上与线下）营销模式基础上执行的，它利用双线推广营销的方式，把线上和线下有效地结合起来，形成了新的用户消费体验，达到了商家电子商务的交易。那么，企业如何使用微信二维码做营销呢?

一、积极和线下媒介结合

为了增加有效用户，企业可以和线下的媒介联合起来，把用户从线下带到线上，为移动网站增加更多用户。

二、学会做二次营销

完成了上面步骤之后，企业可以增添二次营销，对老客户和准客户进行短信或彩信营销，提升行业业绩。

三、巧妙开发手机客户端

开发手机客户端，可以为企业带来固定的消费群体，有利于企业做大做强。

需要注意的是，二维码营销的目的是做精准营销，每个步骤的实现都要经过成功的检验；而且，只有用强大的数据分析功能为方案做支撑，才能做到精准营销。

四、建立电子商务行业手机移动网站

随着智能手机的普及，更多的用户通过手机来浏览信息，建立移动网站可以打开新的销售之门。移动网站的优势在于便捷、随时随地化、广泛、投入小等。

五、主动开发移动网站功能

可以在移动网站的功能开发上下功夫，比如：“点呼叫”功能，用户只要一键点击，就能够跟网站客服通话，便利时尚。手机支付功能，用户只要通过简单操作，就可以完成支付功能。

六、想办法建立手机网站

为了便于客户随时查看，企业可以针对行业特点推广手机网站。事实证明，有针对性的推广不仅能够增加网站业务的曝光率，还能大幅提升网站的销售业绩，给行业带来更多利润。

七、合理掌控，分析数据

通过数据分析，企业不仅可以了解用户的真实需求，还能够调整移动网站、推广策略，让自己的营销更有效。

如何组建与考核微信运营团队

理想的微信运营团队搭建模式是一种服务型模式，微信运营服务与售后服务同等重要！微信运营是慢热型的，其转化率是“熬”出来的，只有全员配合才能给予团队信心，不然微信运营将“胎死腹中”。

那么，如何进行全员配合呢？

（1）编辑人员。编辑人员要有一个具有强烈市场营销意识的文案，对客户有价值的内容和策划活动进行编辑。

（2）市场分析人员。市场分析人员要对每天增长的“粉丝”及收到的回复消息进行数据分析，对推送内容或互动活动与“粉丝”、销量增长之间的关系做进一步的研究。

（3）客服工作人员。客服部门分工负责，通过微信与客户沟通，实现“零等待”的微信客服。

（4）企业管理者。企业高层要提供资源，协调各部门合作，提高运营效率。这是最重要的。

通过“粉丝”表现考核微信运营的标准有哪些呢？

第一，信息到达率。即每次推送消息时段是否在“粉丝”碎片化时间。到达率50%以上为合格，即推送消息时，100人至少有50人是打开微信的。

第二，打开率。即每次推送消息被“粉丝”打开阅读的比率。阅读率达40%以上为合格。

第三，活跃度。也就是线上互动活动“粉丝”回复比率。活动参与率达20%为合格。

第四，“粉丝”增长率。一个合格的微信运营“粉丝”增长速率至少应该是稳定的。

那么，如何来检测这些考核标准呢？调查！企业可以通过线上和线下等方式进行调查！

当然，“粉丝”表现仅仅是微信运营考核的一个标准，真正能考核微信运营的依然是品牌影响力！

掌握用微信服务制胜的法则

用微信运营做一次性促销，之后便没有下文，无异于杀鸡取卵，因此微信运营并不适合一次性促销。微信运营的核心思想是建立品牌，而建立品牌最重要的一点就是做好服务，服务好自然就能够形成好口碑，就能建立品牌。那么，如何才能利用微信将服务做到极致呢?

现在，让我们来看看下面的这家洗衣连锁店是如何通过微信将服务做到极致的。

一、巧动脑，积极挖掘客户潜在需求

酒店、航班是占位式的，通过微信预订房间、机票，位置就给订下了，洗衣店则不同。对于洗衣店来说，客户需要的是洗衣服务，似乎没有预订之说。

这家洗衣连锁店发现了客户的潜在需求：微信预约、上门取送。设想一下，如果你是一位住在7楼的女客户，想清洗一大袋笨重的衣物，但没有电梯，最需要什么? 这时候，如果有位绅士突然出现，说："来，我帮你。"效果一定不错!

如果你是一个女微友，正好遇到了这种情况，需要清洗的衣物太多。得知这家洗衣店后，你可以通过微信预约，并附上图片与地址。收到洗得干干净净的衣物后，如果你对服务非常满意，就很有可能将这一经历发到微信上，引来微友的围观。由此可见，仅靠这样一条微信，完全可以给洗

衣店带来生意。

二、完善自身，掌握一两门秘诀

预约取送的服务是可以效仿的，洗衣店自然不可能凭此一招取胜，没有一两门秘诀怎么可能真正服务好客户？这家洗衣店之所以能够吸引住客户，主要就在于他们能解决掉其他洗衣店不能解决的诸多问题，比如：去霉、去黄、去油等。

如果你的手提包长满了霉斑，用了许多办法都处理不掉，无意中通过微信朋友圈得知了这家洗衣店的技术，就会找上门去。当洗衣店把焕然一新的手提包给你送过来的时候，你很有可能立马将家里该清洗的衣物都放到这家洗衣店进行清洗。

微信营销效果的评估要素

要想了解微信营销的效果评估，首先就要确定企业的微信营销目的是什么？比如，有的企业是用来进行 CRM 客户管理的，有的企业是进行产品推广的，有的是对自己互联网产品进行推广的……事实证明，只有了解了自己的营销目的是什么，才能作出对企业最有利的营销评判。

微信营销的评估要素包含互动频率、功能使用、“粉丝”数、“粉丝”评价、企业转换率等。

一、互动频率

微信的互动频率是指“粉丝”对于企业微信公众账号的使用频率，除此之外，还包含内容方面的访问、功能的使用等内容。

二、功能受欢迎程度

微信公众平台的功能有基于内容的一部分功能、营销设计功能、实用功能。

1. 内容功能

就是基于“粉丝”需求和企业之间对应的命令端口和内容页面的功能。比如：“粉丝”输入“企业介绍”能看到企业的介绍，输入“资质”能看到企业相关资质的介绍，输入“企业一些部门技能”能看到这些部门技能的介绍。

2. 营销设计功能

指企业给予自身营销需求而设计的营销功能。比如：外语培训学校就可以用听力测试这个功能和所有有外语培训需求的“粉丝”进行直接的互动等。

3. 实用功能

主要包括：天气预报查询、股票查询等类似的功能，企业自身个性化开发的功能。功能受欢迎程度的情况，决定了“粉丝”对于企业的依赖程度，越受欢迎，这种依赖性就越强；反之，就越弱。

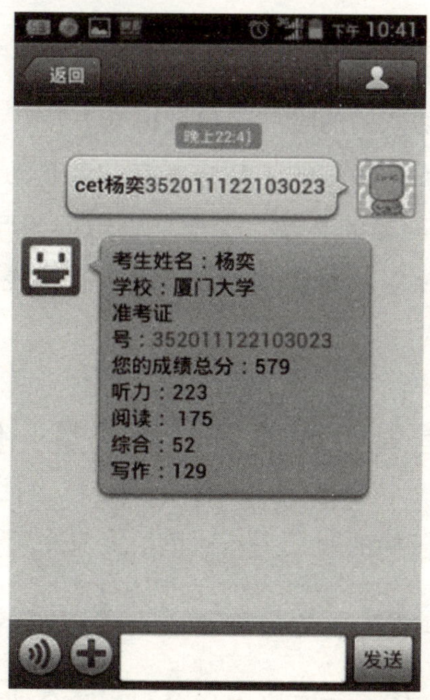

三、“粉丝”数

在微博营销领域有这样一句话：一切以“粉丝”数量为指标的行为都是臭流氓。这句话在微信营销同样适用，原因很简单！如果单纯追求“粉丝”数字就会失去微信营销的价值；“粉丝”数的评估基于很多因素，比如：企业对于微信营销的要求、功能的使用情况、企业品牌的传播力度等。

四、“粉丝”评价

这是所有企业能最直观看到的微信营销效果的方式之一。企业要明白，“粉丝”是如何评价企业微信公众平台上的内容和功能的？是不是可以产生依赖？是不是能让他们中大部分都喜欢？……要想得到这些问题的答案，看一下“粉丝”的评价、时不时进行“粉丝”调研就可以了。

五、企业转换率

这是企业进行一切营销的唯一现象及标准。

在企业转换率方面，微信的闭环体系有：企业品牌知晓度的转换、企业相关类似 Wap 页访问量的转换、企业基于微信的产品销售情况的转换、企业产品咨询量的转换等。随着微信营销的不断发展和定型，企业转换率也会提出不同的要求。

微信营销的效果也要“量一量”

如何来衡量微信营销的效果呢？这里给大家介绍一些计算方法。

一、“粉丝”依赖度＝受欢迎程度×互动频率×“粉丝”评价

“粉丝”对企业的依赖度取决于三个因素：企业微信公众平台的功能受欢迎程度、“粉丝”互动频率和“粉丝”评价。其中，受欢迎程度、互

动频率、“粉丝”评价和“粉丝”的依赖程度成正比例关系：越受欢迎，“粉丝”依赖度越强；互动越频繁，“粉丝”依赖度越强；评价越多、越勤快，“粉丝”依赖度越强。

二、互动频率＝“粉丝”数×功能受欢迎程度

企业微信公众平台的互动频率取决于两个因素：企业微信公众平台的“粉丝”数和功能受欢迎程度。其中，“粉丝”数越多，互动频率越高；功能越受欢迎，互动频率越高。

三、功能受欢迎程度＝“粉丝”数×“粉丝”评价

企业微信公众平台的功能受欢迎程度取决于两个因素：企业微信公众平台的“粉丝”数和“粉丝”评价。其中，“粉丝”数越多，功能越受欢迎；“粉丝”的评价越多，说明企业的微信公众平台越受欢迎。

四、“粉丝”数＝“粉丝”评价×功能受欢迎程度×推广力度

企业微信公众平台的“粉丝”数取决于三个因素：“粉丝”评价、功能受欢迎程度和微信公众平台的推广力度。这三个因素和最终的“粉丝”数成正比例关系，任何一个因素发生变化，都会引起“粉丝”数的变化。

五、"粉丝"评价=功能受欢迎程度×企业自身的服务

企业微信公众平台的"粉丝"评价取决于两个因素：微信公众平台的功能受欢迎程度和企业自身服务。当企业平台受到用户欢迎及企业自身服务良好的时候，"粉丝"评价自然就会很高；反之，亦然。

六、企业转换率="粉丝"依赖度×"粉丝"数

企业对于微信营销的转换率取决于两个因素：企业微信公众平台的"粉丝"依赖度和"粉丝"的数量。企业转换率会随着"粉丝"的依赖度和"粉丝"数的变化而发生改变。

上面的这些方法都可以让企业了解微信营销的效果。需要说明的是，在上面的各个公式中，"="代表"取决于"，"×"则是"关联"的意思。

微信如何引导终端消费

通过微信向"粉丝"推送消息，做客户服务，固然可以提升品牌的知名度，可以在"粉丝"脑海中建立良好的形象，可是到商场选择产品时，绝大多数对品牌无忠诚度的顾客仍然会把记忆中的品牌抛在脑后，而选择其他品牌。之所以会出现这种情况，主要原因就在于：在销售终端有很多因素影响着消费者做决定。

那么，在销售终端哪些因素会对消费者的决定发生影响呢？比如：卖场的建设与布局、商品的价格、购物气氛、品牌商品促销活动和会员活动、购物时间、心理预期、服务印象等，甚至就连一起购物的同伴都有可能成为影响消费者做决定的刺激因素。比如：星期天，你去逛商场，发现同伴身上穿的一条裙子正好是通过微信公众账号了解并喜欢的那款，你就会立刻产生出许多不同的想法。

其实，上面的这些刺激因素绝大多数都属于可控的外在环境因素，只要跨过消费者的刺激门槛，就能诱发消费者强烈的购买冲动；这种冲动越

强烈，消费者越能出现购买行为。

那么，如何通过微信诱发消费者强烈的购物冲动，引导终端消费呢？这里给大家介绍两个方法。

一、拍二维码享受优惠

今天，拍二维码享受优惠已经不是什么新鲜事，但是在二维码载体设计和拍“码”得到的内容上依然可以实现创新。比如：运用载体的时候，可以使用下图所示的方法；在内容的选择上，既可以采用有趣的视频信息，也可以使用闪动的 flash 动画。

二、用“摇一摇”增加购物氛围

如何用“摇一摇”来增加购物氛围呢？比如：只要美女导购用微信随机“摇一摇”，手机号出现在前 3 名的顾客就可以获得一份精美礼品。

微信“粉丝”的定位与“粉丝”群的变迁

《壹周立波秀》是香港凤凰卫视全新打造的特别节目，深受人们的好评。

其实，在上电视之前，周立波最早的“粉丝”群是上海的中产阶层；可是出名以后，特别是上了《壹周立波秀》后，他的“粉丝”群迅速转变为电视观众和社会底层群体。明星的“粉丝”群尚且会出现这么大的变化，微信公众账号的“粉丝”群同样也会发生变化。

微信“粉丝”群的变化能够映射出微信公众账号定位的变化，很多企业在注册微信公众账号时都有一个初步的定位，可是在运营过程中随着与“粉丝”的不断交流互动，就会逐渐地对微信公众账号的定位做出调整。

例如：有家婚庆公司的微信公众账号开始的时候将“粉丝”群锁定在20～30岁的未婚女性，内容定位于和结婚相关的一切细则，如搭配各种婚纱、各地婚庆礼仪与文化等。

可是，几个月之后，运营者发现，除了即将步入婚姻殿堂的女性一直在关注该公众账号外，其他人则慢慢取消了关注。

这时候，运营者就其内容定位调整为爱情故事；一段时间之后，运营者又将推送的爱情故事与星座进行结合；又过了一段时间，运营者将各种爱情故事进行了分类推送，比如：奋斗类、校园类……

微信公众账号的定位与“粉丝”群的变迁是相辅相成、互相影响的，定位的时候不要急于求成，而是要结合“粉丝”反映的情况不断作出调整。有些定位虽然能给公众账号带来“粉丝”，可是由于其范畴过于宽泛，不能很好地塑造品牌个性；有些公众账号定位过于精准，锁定目标群体圈子太小，也无法带来口碑……“粉丝”在选择公众账号，公众账号也在选择“粉丝”，只有在互相选择的过程中才能实现真正意义上的精准营销。

微信运营需简约而不简单

企业开通公众账号希望给用户提供什么价值？当然不是功能越多越好。

如果你的公众账号既能查星座，又能查询天气，还能看到心灵鸡汤，能看侦探小说，更能读言情故事……用户关注你一段时间后，你问他刚关注的微信公众账号是做什么的？他肯定会说："不知道，现在有点晕。"

其实，少即是多，运营微信公众平台的时候，一定要专一，专注极致。简约而不简单，才是真正的行家。越纯，越简约，越好描述，就越容易被记住，越容易被接受，越容易成功。

在这一点上，武汉大学的一个大学生服务微信公众账号——"武大助手"就做得不错。

杭州，还有个叫"杭州大四学姐"的微信公众账号，主要定位于帮助大学生找实习、家教、求职、面试的功能。这样的定位和思路就很清晰。开始的时候，这个公众账号上本来有一个"小黄鸡"聊天板块，看起来具有一定的互动性，可是多数用户却对"大四学姐"功能产生了模糊认识，发现这一点后，他们就砍掉了这个功能。

如果你想做身边几栋办公大楼的微信公众账号，要想定位更精准，主要集中在办公区域白领们的订餐需求就可以了。你只要将附近所有的餐厅信息收集在公众账号中，当有人需要订餐时只要点击进入公众账号展示的一家快餐厅便可以成功订餐。

如何用微信 CRM 给企业带来上亿元价值

相关资料显示，2011 年中国外包呼叫中心市场规模为 701 亿元，2012 年为 800 亿～1000 亿元。如果 10% 的传统电话通信能够用微信来代替，微

信CRM呼叫中心就可以拥有70亿元的市场规模。现在，微信用户数量已经逼近4亿，部分企业的呼叫中心必然会由微信公众平台代替，微信CRM价值体系初步形成。

微信CRM还可以对客户进行管理和细分。如果将微信公众平台的开放平台接口接入企业的CRM系统，拥有该公众账号的企业就能够通过该接口为用户提供更个性化的服务；就可以通过该接口对用户资料进行细分，比如：年龄、性别、地域、喜好等。"微管易"这款企业微信CRM，就给管理者带来了很多便捷，比如：要想实现企业客户订单、客户投诉等方面的分工协作，只要将管理员分级并设置相应的权限就可以了。

现在，通过微信公众平台的用户管理，用户不仅可以自由地完成分组，还可以按照地域、分组来做精准推送。随着移动互联网的发展，微信公众平台一定会成为最大的CRM入口！

怎样才能做好微信营销

微信营销的作用如此之大，那么，怎么才能做好微信营销呢？

一、建立一个微信品牌官方公众账号

可以肯定的是，任何企业都可以申请这样的公众账号。在微信公众账

号的申请地址和平台（http：//mp. weixin. qq. com/），只要做出申请，就可以直接了解推送和沟通的效果。

每个企业和商家都可以用一个 QQ 号码，打造专属于自己的一个微信公众账号；然后，在微信平台上实现和特定群体的全方位沟通、互动。

生成二维码之后，点击二维码图片，就可以直接下载了。比如：赢动力公众微信。

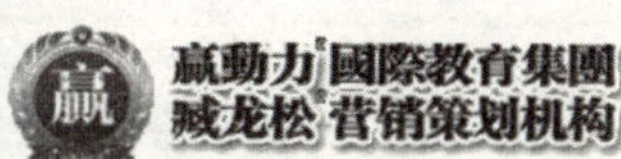

二、扩大宣传微信二维码，申请官方认证

要想申请官方认证，订阅用户必须达到 1000 位。企业可以通过微博、网站等途径，推广一下自己的二维码，从而获取更多的订阅用户，扩大影响力。比如：臧龙松老师公众微信。

三、微信营销，每个人都可以做到

微信营销公众平台一共分为五个板块：实时消息、用户管理、群发消息、素材管理和设置。虽然各个功能操作起来比较简单，可是在做内容运营的时候一定要符合所申请认证平台的需求。

比如：如果你的企业是做教育的，咨询比较多的是教育方面的内容，有时候会涉及当事人的隐私，有些特别的问题都是一对一进行回复的，这

时候就可以结合微博私信一起回复。

什么人能胜任微信客服呢？必须具备声线条件好、有教育专业知识，二者缺一不可。

四、结合微信开放平台，将营销进行到底

通过微信分享信息，成为微信开放平台的开发者，企业就会拥有上亿的用户，在众多微信平台的免费推广下，企业就可以成功实现口碑营销，很快就会出现下载数、活跃数、评价数、网站流量等数据。

- 首先，让微信帮你将内容分享给好友。
- 用户在你的 App 中看到的某个精彩内容，比如：一篇文章、一首

歌曲等的时候，如果想转发给好友，就会点击“分享给微信好友”。

- 通过微信，好友收到信息，轻轻一点，不仅可以查看到详细内容，还可以使用你的 App 来查看相关内容。
- 最后，用户看到的精彩内容可以分享到微信朋友圈。
- 点击“分享到微信朋友圈”，完成授权后，内容就可以发送到微信的服务器了，好友在朋友圈中就能立刻看到这个内容了。

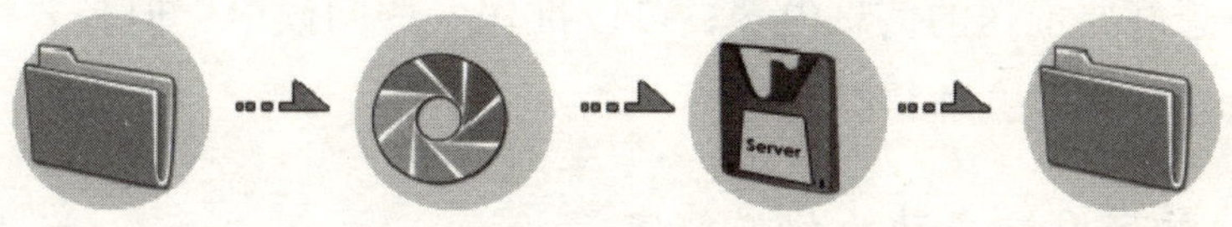

如何利用好微信营销

自从微信公众平台出现以后，无论走到哪里，线上还是线下，我们经常会看到大量的微信二维码。微信公众平台的推出，预示着微信营销时代的到来。可是，怎样才能做好微信营销呢？

一、知道自己的目的是什么

现在，很多企业之所以要开设微信公众平台，主要是因为看到别人开设了，自己也跟着开通，开通前根本就不知道自己开通微信的目的是什么？是利用微信向用户推送促销信息，还是更快捷的给用户推送资讯信息，抑或将微信上的用户转移到网站上或者微博上……

事实证明，只有明确了目标，在内容上才能更有针对性。

二、采用多种多样的消息回复类型

微信的回复类型有很多，其中，语音回复让人感觉更真实。因此，为了增加用户的黏性，在做微信营销的时候，就要逐渐丰富消息的回复类型，让用户收到更加有趣的内容。

三、确定微信推送信息和推送时间

有些企业的微信，每天都会发出一些无聊的问候，内容苍白无力；如果早、中、晚都发，怎么会不让人感到厌烦……对于这些企业，用户一般都会取消接收其信息。

企业在做微信营销的时候，一定要确定好微信推送的信息和时间，如果还没有想好要推送的信息内容，可以推送一些问候语；但是要控制好质量和数量，否则只会适得其反。

四、引导用户主动给你发消息

在打查询电话的时候，经常会听到一些引导用户选择的话语，比如：话费查询请按1、业务咨询请按2……在微信营销中，也可以运用这一方法，实行按键数字回复。

如果你经营图书，既有实体店，也有淘宝店，发布促销信息之后，可以设置这样几个供消费者选择的回复项：到实体店购买请按1；到网上购买请按2；不感兴趣请按3……

五、及时查阅，及时回复

随着消息量的增加，微信账号收到的信息随之会越来越多，这时候就很难对每一个问题都做清晰的回答了。为了解决这个问题，可以设置一些关键词，含有同一关键词的进行批量回复；及时查阅，及时回复。

六、对关键词回复的内容定期进行更新

每天，用户都希望收到不同的信息内容，如果用户第一天发送“1”，收到了一则冷笑话，这天可能会很开心。但是第二天用户又发送了一个“1”，却发现自己收到了和昨天一样的冷笑话，好感就会骤降，所以及时更新关键性回复词是非常重要的。

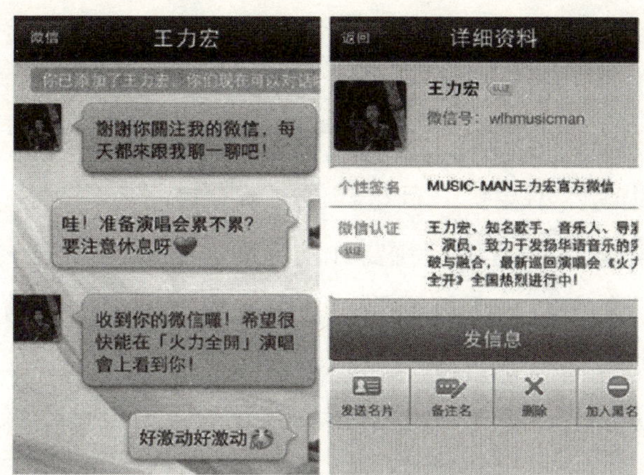

要想做好微信营销，上述几点都是需要了解的。微信公众平台是一个新兴平台，微信营销也是一个新的营销模式，要做好微信营销，还需要进行不断地探索研究。

了解微信营销的一些“道”

微信不是一个媒体，如果想做好微信营销，企业首先要彻底抛弃自己熟练使用多年的营销思路和方法，从零开始，一步一个脚印地走。

一、剔除“营销”的陋习

利用媒体进行营销的时候，有些企业会使用一些雷人的广告语，有些企业不惜花重金请美女明星做代言，恨不得每天都要进行 24 小时地毯式轰炸。不可否认，这些做法都是值得肯定的，因为企业是通过媒体来接触目标受众的！但是，在微信里却不能这样做！

（1）每个公众账号都是用户的一个“好友”。你的好友会有事没事地给你发广告玩儿吗？不会！一旦这样做，就会被对方删除掉。

（2）要想做好微信营销，就要开动脑筋，积极想办法，不能强攻。要想办法获得用户的关注，千万不要做会引起用户反感的事情，比如：赤裸裸地发广告、每天定时骚扰等。

（3）切忌从自己的角度出发给用户分发东西，而是要将用户需要的东西提供给他们。

（4）要把握好时间节奏，该出现的时候出现，不该出现的时候就赶快消失。对于绝大部分账号来说，一个月群发一次消息就足够了；平常时间，主要用来回复用户发来的消息。

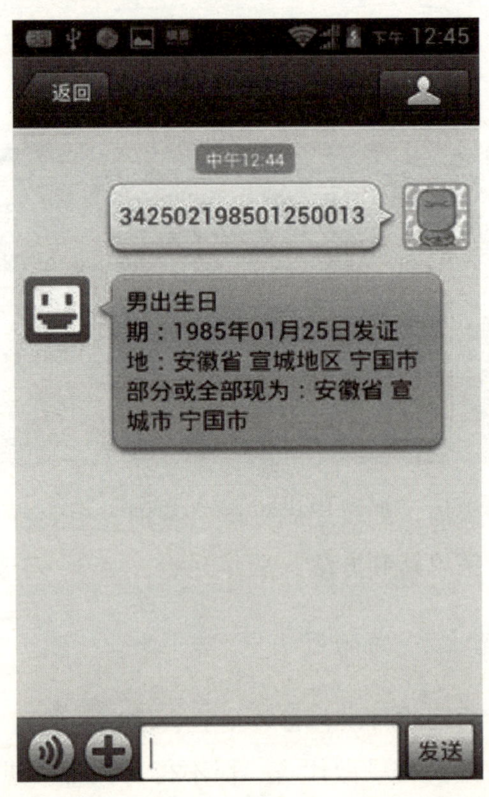

二、与多个媒体协调配合

不可否认，微信有着极高的到达率，但这一点是对于已经订阅的用户来说的。如果要发展新用户，微信并不会提供这样的服务。而且，微信官方还在主动抑制这种“拉粉”的行为。

微信是一个纯粹的通信工具，不鼓励流量运营。要想做好微信营销，就要先通过其他的媒体渠道来给微信引流，在所有可能的地方将你的二维码和微信号展示出来。比如：产品包装上、广告上、官方网站上、微博上，通通都要写上微信订阅办法。

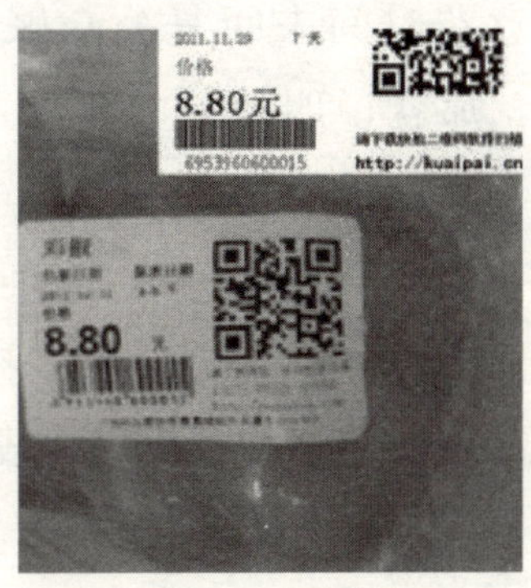

三、稳扎稳打，不要贪多求快

微信是一项资产，企业必须用长期经营的思路来运营它，既不能采用传统营销的活动式，也不能使用谋求短期爆发的脉冲式运营思路。

微信就像一个孩子，不能开完账号就不管它了，你得照看它，后面得有一套服务做支撑。千万不要一上来就追求订阅用户的数量，更不要做一些类似送 iPhone 求关注之类的事情。

用户一旦添加了你的公众账号，首先说明他不讨厌你，否则他不会扫描二维码，更不会主动输入你的账号。这是对于用户的一次筛选，沉淀下来的都是忠诚用户。他们的数量非常少，是不能和微博“粉丝”数进行横向比较的。

微信订阅用户数，最好和企业所能提供的服务相匹配，否则就要放慢一下速度。

四、做好和“粉丝”的互动十分重要

有些企业认为，回复用户的留言是件很麻烦的事情，因此懒得去做；有些企业甚至还会弄个聊天机器人在那里应付了事……这样做，都会得不偿失！与其花费不菲的钞票买广告、聘请4A公司、公关公司，倒不如花些钱请些微信客服专员来陪用户聊天。

很多时候，到了互动环节，企业只要再花一点力气就能让用户转化成为客户。其实，愿意花时间来回复公众账号的用户比例非常小，一旦他给你做出了回复，那就说明他是非常关心你的，企业要多加关注才行。

用户要的并不是很多，即使你回复一句“谢谢”或者“你说得很有道理”，他们都会感觉受到了重视，他们就会在未来一直支持你。如果你耐心地、平等地和他们聊天，是很容易把他们转化成忠诚客户的。

五、不可忽视的技术力量

未来微信的方向是App Store，不能单纯地从传播的角度来运营它，简单地弄一些好文章、好图片是不能解决问题的。在条件允许的情况下，最好给微信配备一些技术开发资源。

比如：“骑行西藏”这个账号就进行了一些开发，如下图所示。在这个账号的底部设置了三个可点击的按钮，点击之后就可以直接弹出文章目录，用户就可以方便地点选想看的文章了。事实证明，这样的体验要比回复个目录、数字好得多。

通过微信内置浏览器登录Wap或者Html的网页，也可以实现更加复杂的功能。比如：汉庭这个页面就是在微信里直接登录的。汉庭使用了微生活的平台，可以把微信号和Wap网站绑定，实现免登录预订。

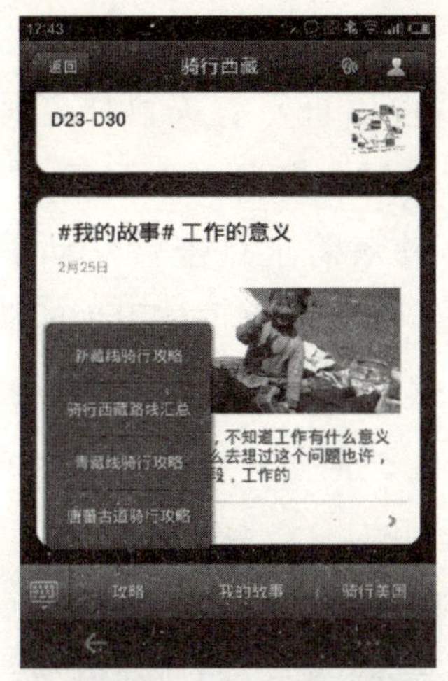

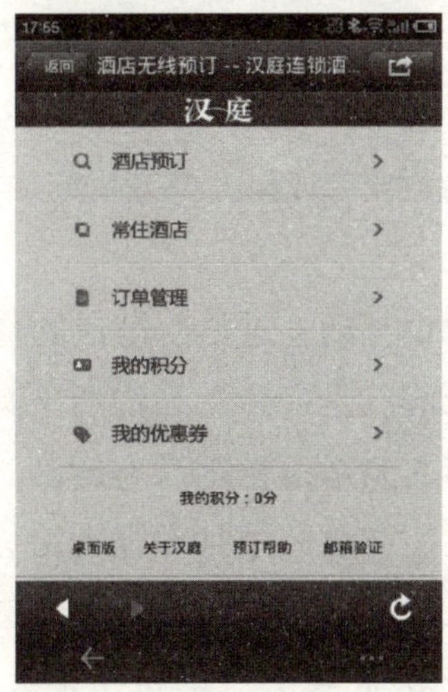

嵌入式的营销客服方式和普通账号如何有效配合

在微信营销中，会涉及嵌入式客服方式和普通账号的配合问题，关于这一点，企业一定要认真做好。

所谓微信营销的嵌入式指的是，企业在进行微信营销的时候，在内容和功能端口上进行设置，“粉丝”进行自主互动的时候，企业就可以完成对其的营销。

例如：在学校的微信公众账号上，可以出现相关自定义回复内容，如“粉丝”只要输入“2”就可以查看有关科任老师的内容。同时，当“粉丝”在后台输入“2”的时候，老师就对这个“粉丝”的需求点有了了解，就可以和该“粉丝”针对需求点进行互动了；如果“粉丝”直接输入相关文字、语音等内容，那么需求点就更加明确了。

在进行网络营销的时候，很多企业都是以获得咨询人的需求和联系方式为目的，而在微信营销上，企业一定要明白，自己是先获得了联系方式和需求点，然后才进行咨询的。

企业在进行微信营销的时候，一定要和普通微信号配合起来。在进行推广的时候，微信普通账号不仅可以向所有好友推荐企业的微信公众平台账号，还可以结合使用微信公众账号手机助手等功能。

微信营销，互动起来

为什么微信营销要注重互动？这是由微信的特征决定的。

微信从问世的那一天起就是一个互动沟通工具，主要进行的是朋友间的一对一沟通。既然是朋友关系，肯定是有问必答。试想，如果你问了朋友一个问题，而他一个星期甚至一个月都没有给你答复，你还会将其看做朋友吗？

微信上，用户希望获得平等交流的机会，大家能够敞开心扉直接沟通，这也是微信营销的核心环节。微信属于朋友间的喝茶聊天，你一句我一句，互动就显得非常重要了。试想，如果你和朋友在一起喝茶，只有你一个人说，朋友却一句话都不说，结果会怎样？

从消费者行为学上讲，朋友间是最容易达成认同和购买意愿的，做微信营销就是要和用户积极互动。现在，有些企业在微信营销互动性上做得很好，比如：艺龙旅行的微信账号。

艺龙旅行网的微信账号主要是给客户推荐一些旅行攻略内容。这一微信账号，不仅能够将已经积累的攻略积累到后台，还可以打通艺龙酒店机票业务与微信公众平台的接口。

用户只要回复相关的地名，就可以调出之前的攻略内容，比如：回复“海南”，就可以收到该账号为你推荐的海南旅游小贴士；如果给这一账号发送地理位置指令，艺龙便会在最短的时间里将用户附近的酒店信息推送给用户……通过这样简单的方式，用户就可以直接完成预订。如果遇到后台数据库没法解决的问题，人工客服还会在一分钟内做出回复，满足客户的需求。

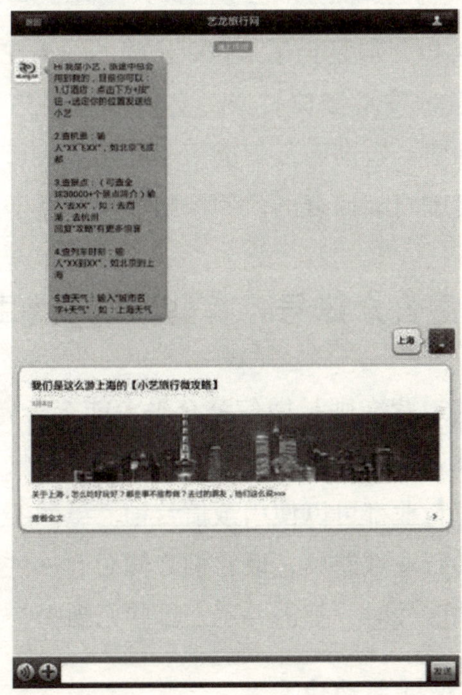

又如：星巴克中国的微信账号。

星巴克中国与“粉丝”开展个性化互动活动的时候，提供了更加直接的互动体验。星巴克中国的微信账号上共有 6.2 万“粉丝”，通过设置的自定义后台回复规则，每天平均都会收到 2.2 万条信息。

不可否认，这些成果的案例都是值得各企业学习的。可是，这些互动都是如何实现的呢？

如果是纯人工方式，一个账号有 100 位“粉丝”的时候足以应付，

1000位的时候也还可以，但是到了10000位呢？纯人工肯定就不行了。其实，微信完全可以通过技术接口打通，实现企业业务接口与知识库的对接，实现用户自动回复；自动回复解决不了的问题，可以用人工回复来解决。只要将人工回复和自动回复的比例控制好就可以了。

运营公众账号，有些原则要掌握

微信公众平台的运营准则是微信公众平台能否运营成功的重要依据，企业只有坚持这些准则，积极运营，才能实现理想的效果。

不可否认，很多行业都可以使用微信营销。虽然不同行业在运营微信公众账号时有一定的行业性差异，但它们之间总有一些共性，需要掌握一些原则。在运营公众账号时，都需要遵守哪些原则呢？

一、引导客户积极主动地交流

受传统营销模式的影响，很多企业都习惯了传统的客服习惯，比如：一定要问一问对方的需求是什么？一定要问一问对方的联系方式是怎样的？一定要让自己的回答显得专业规范……可是在微信时代，对客服则提出了新的要求。

如果你从事的是餐馆饮食业，当消费者从微信公众平台向你进行咨询的时候，我们通常都非常了解对方的路径。从这条路径上，我们完全可以了解消费者的需求是什么，沟通的时候只要直接根据需求展开就可以了。

微信，有着较强的友情性和私密性，即使不用对方的联系方式也能保持联系。微信营销最大的优势就是私密性，消费者咨询信息的时候，企业一定要树立一种“我和你”的关系，把私密性的特点发挥到极致！

二、多方面维护“粉丝”的利益

对于企业来说，维护“粉丝”、维护客户是微信营销的重中之重。微信“粉丝”都是企业非常重要的一笔财富，只要他们愿意，每个“粉丝”都可以轻松地把企业的微信公众账号推荐给自己的朋友，这些“粉丝”的精确度和转换率都是非常高的。因此，企业在做微信营销的时候，要从维护“粉丝”的角度出发，多照顾“粉丝”的利益。

三、让“粉丝”对企业产生依赖感

让“粉丝”依赖于企业！这是微信营销的根本运营准则。

企业微信营销是否成功，取决于“粉丝”对其的依赖性如何。要想抓住微信营销机会，企业必须以这个核心为运营的根本准则。

四、干瘪的内文无人理，丰富内容

微信上，可以用图文信息、视频、文本等来展示内容，但是作为企业来说，一定要学会使用另外的一种方式——展示。如果企业用HTML5化的方式来展示微信内容，企业微信公众账号的展示页面必然是多层次的、多角度的、绚丽的、自由的；如果再配合一些实用性和个性定制的功能，企业就占据有利优势了。

确定内容的时候，企业只要把自己想展示的东西陈列出来，然后根据从后台反映的“粉丝”接收信息的情况，不断进行调整就可以了。

五、给“粉丝”提供多方面的功能

企业的微信公众账号不仅能维护客户、培养客户；还能进行品牌展示，促进销售；更能进行市场调研，完成在移动互联网端想到的所有事情。

要想在微信上实现营销的最大价值，企业不仅要在内容上做到丰富多彩，还要将功能设置得更全面。一般来说，企业的微信公众平台可以先设置一些天气预报、翻译、查询股票等功能，然后再根据“粉丝”的需求逐渐增加平台账号的功能。

六、积极和“粉丝”互动

做微信营销的时候，之所以要实现丰富的内容、全面的功能，主要目的就是让“粉丝”主动分享企业的微信公众平台账号。如果将自己的公众账号做成“广告发射器”，“粉丝”就会尽力躲避，分享也就无法实现了。正确的做法是：通过互动，让“粉丝”体会到内容和功能的妙趣，促使他们主动去分享。

微信公众平台做好之后，如何让“粉丝”主动去分享呢？首先，要频繁地和“粉丝”互动，互动率越高越好，越“有用”越好。在互动上可以设置话题，比如：春节讨论红包、三八妇女节讨论母爱等；还可以巧妙地将互动环节与功能结合起来。除此之外，还要遵循和“粉丝”互动越简单越好，越容易参与越好的原则。

七、用有新意的活动留住“粉丝”

为了提升“粉丝”与微信公众平台的互动性，提高“粉丝”对于企业微信公众平台的依赖性，可以多搞一些策划活动。企业将“粉丝”吸引到自己的平台上来了，如果不与“粉丝”们进行沟通和互动，也是很难将这些“粉丝”变成企业的潜在客户的。如果企业提供的信息长时间与用户的需求脱节，“粉丝”就会慢慢流失掉。

所以，企业要定期策划一些有新意的活动，与“粉丝”进行积极互动。策划活动的时候，企业要明确这样几个问题：自己的目标群是怎么样的？他们最需要什么？他们最容易被什么东西吸引……只有将所有的问题都搞明白了，才能够将目标人群吸引到自己的公众平台上来。

八、巧动脑才能做好推广

企业该如何推广微信公众账号？一句话：要动脑！

1. 让老客户成为我们的“粉丝”

老客户是企业最为重要的资产之一，不仅对企业的产品有一定的认知度和认可度，而且还有一定的忠诚度。事实证明，深挖一个老客户，比开发一个新客户所需要的成本要少很多!

微信的最大优势就在于能让企业与客户零距离接触，有利于企业为客户提供各种服务，有利于对老客户的维护。因此，企业在运营公众账号时，首先要想办法通过各种方式和渠道将老客户转移到企业的公众平台上来，让其成为“粉丝”。然后，让这些老客户来推广企业的微信公众平台。

2. 有选择性地瞄准新用户

每个行业都有自己的目标客户群体，并不是所有人都需要企业的产品，企业的产品并非适合所有人。企业在推广自己的公众账号之前，一定要弄清楚自己的目标用户到底是谁？他们到底在哪里？推广时，要做到有的放矢，不要漫天撒网。

推广企业微信公众账号的时候，要巧动脑筋，充分挖掘现有资源，让“粉丝”推广给“粉丝”，实现微信公众平台的稳定。

九、运营要有计划性

企业微信公众账号既代表了企业的品牌形象，又可以产生时效性效果。所以，运营微信公众账号的时候，一定要设置一个周密的计划，绝对不能鲁莽行事。具体来说，有以下两个步骤：

（1）搭建好微信公众平台的建设。搭建微信公众平台的时候，要不断完善平台名称、账号域名、介绍、二维码的设计、认证等基础环节，要给"粉丝"和客户留下良好的第一印象。

（2）做好阶段性目标策划与执行。企业要给自己做个阶段性计划。一般来说，企业可以根据自身的情况来设置阶段性计划，先要查看老客户是不是都在关注，然后再思考企业的推广活动要以什么为主……以此类推，有的放矢。

十、提高"粉丝"的质量

增加"粉丝"数量是每一个公众账号运营的重要任务，但不能盲目行事，一定要精准有效。那么，如何才能做到这一点呢?

"一千个微信'粉丝'相当于十万个微博'粉丝'。"要重视微信"粉丝"的质量。微信最大的特点是信任性和私密性，做微信营销一定不能盲目地追求"粉丝"数量，要以精确性为核心。只有"粉丝"的精确度上去了，然后再积极开动脑筋，做起生意来才会顺畅很多，才会有所收益。

传统企业抓住微信营销的重点有方法

随着微信品牌知名度的迅速提升，就连对微信一无所知的人在各种媒体的宣传下也认识到了这款移动应用的存在。有些传统商家也看重了微信的商业价值，可是由于官方的合作条件，只能慢慢尝试。当然，这其中也不乏成功者！现在，一些小企业已经站在了微信营销最前沿，取得了不菲的成绩。

随着电商竞争的日益激烈，实体生意变得举步维艰。微信告诉传统商家：做长好过做短、做回头客好过做新客。很多时候，不是自己做不好微信，而是本身就没有树立客户管理的概念。传统商家要想成功实行微信营销，不仅要掌握线下地理位置和现有客户的资源优势，最重要的是要把握重点。

如果你是摄影服务商家，为了搞微信营销，掏出 2 万元重本送奖品，为公众平台输送了 4000 个订阅用户。虽然成本比较高，成绩也不错，可是你有没有想过——你为什么要实施微信营销？活动所带来的人有没有转化价值？如何进一步营销？下一次的活动该如何做？……

有些商家习惯于做大众账号，喜欢辐射越来越多的目标客户，使用这种传统的做法，一次简单的推送就相当于群发短信，会为你节省大量的时间和精力，还不会受到手机安全软件的拦截。

在我们身边，这样的例子有很多，对于传统企业来说，如果把握不好微信营销的重点，不仅会出现很多问题，还会危害到推广的进行。因为，微信营销的重点不在推广，而在运营！

在运营的过程中，会涉及很多方面的内容：第一，公众账号需要提供一个值得客户持续关注的理由；第二，如果将服务进行细分，可以是客户自助工具，也可以是帮客户解决问题的方法。如果你是做儿童服装销售的，按照传统的思维来营销：首先，通过推广吸引到足够的订阅用户；之后，不断地推送广告进行销售……如此持续下去，你会发现：订阅用户并不会去关注一个只会卖儿童服装的公众账号，他们想让公众账号为自己解决一些实际问题。

销售，主要目的是满足用户的需求。当满足需求的方式众多时，客户就会寻找更加便捷、更加实惠、更加有保障的方式。如果你能采用一种每月订购的商业模式，为上班族提供帮助，就会取得理想的效果。这种方式，就突出了公众账号的个性定位，可以将自己和竞争对手有效区别开来。

一种品牌之所以会受到众人的青睐，主要原因就在于它满足了客户的某种需求，比如：质量高和售后服务好、虚荣心和从众心理……当一种品牌具有了属于自己的个性之后，企业只要结合这些需求精心培育就行了。

做好公众账号的定位之后，名称上已经表明了自己的身份，接下来商家就要将自己的存在价值不断地告诉用户，一定要将自己的产品巧妙地融入各种内容的创新之中，积极和用户互动。事实证明，在做微信营销的时候，如果能够推出一个创新的互动游戏，不仅能引来更多的有效关注，还能稳固现有的用户关系；不仅能让客户自己去发现你的产品，还能促使客户去积极证实、购买、分享。

教育行业——感受微信营销的威力

不可否认，微信信息传播快、内容丰富、功能强大！很多教育机构客户的公众账号都有翻译、百科等小功能，可以让“粉丝”获得比较好的体验。如果你开办的是一家外语培训机构，完全可以将翻译功能演绎成一大卖点。

微信用户端不管是收取信息的方式，还是咨询，都是一对一的。只要公众账号的信息和功能能引起目标人群的兴趣，就容易让他们对你的产品形成信赖感，进而提高潜在客户和客户的转换率。

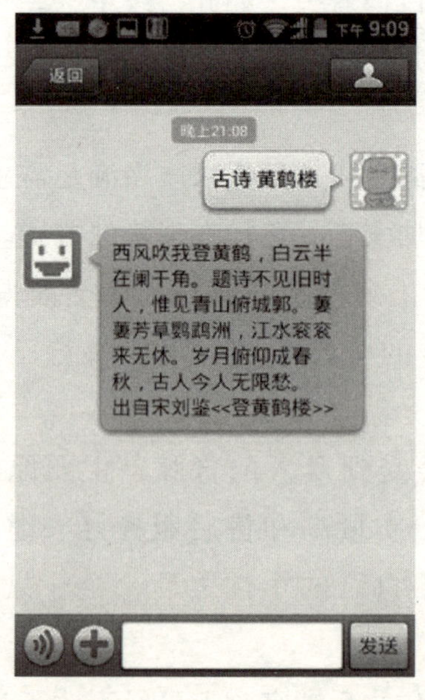

微信营销是一系列复杂的推广工具，能够轻而易举地完成企业所有的营销工作；微信营销也是一种更加高级的方式，能够真正让教育行业“疯狂”起来！只要细心体会一下微信营销的威力，就能够知道下一步该如何走。

微信——电商推广最理想的通道

随着电子商务的盛行，电商行业发展迅速，很多传统线下的零售商纷纷加入了线上销售队伍中，微信营销也就受到了人们的重视。

资料显示，微信已经拥有近4亿用户！如此庞大的移动互联网用户基数，给电商带来了巨大的商机。今天，微信已经成为移动互联网电商推广最理想的通道！微信公众账号是免费的，电商只要将自己的新老用户聚集到这一平台，便可以展开自己的营销活动。通过微信，可以将开发平台技术接口与电商内部的所有数据业务系统打通，让微信闭环的售前咨询、售中促销、售后反馈等过程得以实现。一旦实现了这一步，所有的这一切都会自动实现。而这一切，在传统营销推广中，是不可能实现的。

微信具有一对一的沟通特性，在这个生态体系中，做起营销来反而会更容易。在日常生活中，人们喜欢接受朋友的一些推荐，而微信营销恰恰符合这一属性。有了这种沟通工具，电商的产品就会变得更可信，这样买家就更容易接受你的产品了。

需要注意的是，微信是移动互联网营销的最佳入口，营销推广预算是一项细水长流的工作，要将用户沉淀到自己微信公众账号上，为未来的发展打下坚实的基础。

微信——制造加工业最一流的客户管理工具

绝大多数的制造业、加工生产行业，连网络营销都还没有普及，更别说微信营销了。制造业企业如果能够积极开展微信营销，不仅可以使客户和企业之间进行双向、实时的沟通，还能够将客户的需求以最直接、最快的方式反映到企业的产品设计和制造过程中，进而加速新产品的设计过程，缩短新产品的准备期。这样，客户的个性化、多样化需求就容易得到满足，成本费用也就能够降低了，进行市场开拓也就相对变得更容易。

微信营销强调的是用户体验，主要目的是要让用户产生依赖感。制造业正好契合了微信营销的中心点！对于制造业来说，微信是最一流的客户管理工具，只要给用户提供最好的服务即可。

制造业做微信营销的时候，并不需要多如牛毛的“粉丝”，只要和本企业有关的“朋友”搞好关系即可。企业要拿出一部分精力向有关的“朋友”展示出自己的实力，用产品的功能提升他们的体验，和他们进行充分互动，让他们对企业产生依赖感。

微信营销成功案例

一、星巴克——创建了一种全新的人际互动和交往方式

2012 年 8 月 28 日，星巴克和腾讯合作，正式推出了星巴克官方微信账号与优惠二维码，创建了一种全新的人际互动和交往方式。

通常来说，夏季是星巴克的淡季。可是在 2012 年的夏天，为了拉动销售，星巴克特别推出了“冰摇沁爽”全新饮品，给顾客带来了前所未有的清新畅爽。星巴克和智威汤逊（上海）一起合作，打造了一个吸引人眼球的互动活动，顾客主要使用手机解锁内容，就能收听契合心情的定制音乐。

除了江浙沪外，全国各星巴克门店的顾客只要扫描对星巴克咖啡杯上的二维码，就有机会获得全国门店优惠券，成为星巴克 VIP 会员。顾客只要登录微信，将星巴克添加为好友，就可以与之展开一场内容丰富的互动对话。

星巴克在店内的座台餐牌、海报和杯子上都印制了二维码，顾客只要摇动手机，或对二维码进行扫描，就可以在微信中加星巴克为好友。同时，星巴克为顺应顾客的需求，录制了 26 种不同的音乐，每种音乐都对应微信上的一种表情。

在微信中，添加“星巴克中国”为好友之后，只要发送一个表情

符号，星巴克就会进行及时回复。顾客不仅能立刻享受到星巴克《自然醒》的音乐专辑，还可以获得专为自己的心情调配的曲目。

资料显示，活动上线第一周就收获了70000多个微信好友，整个活动期间（8月28日—9月30日），星巴克微信好友人数达128000个；微信好友与星巴克分享的情绪超过了238000次，每次分享都能够收到一首定制的Refresha歌曲；活动支出250000元（约合40047美元），三周内Refresha的销售额就达到750万元（约合120万美元）。

通过这个活动，星巴克新浪微博的“粉丝”人数增长了9%，超过了521000名；同时还产生了超过57000次转发和评论。这次成功的合作，充分体现出微信营销的强大威力。

二、深圳海岸城——用低成本得到大量的目标人群

2012年7月，深圳海岸城推出了一个促销活动，用户只要用手机扫描商家专属的二维码，就能够得到一张电子会员卡。这张会员卡存储在用户的微信账号当中，在消费时使用便能够得到特定商家的会员折扣服务。

通过这样的方式，商家就可以对自己的产品和活动进行有效的推广，不用花费太高的成本，就能得到大量的目标人群，定位更加精准。

活动详情：

1. 活动期间，使用微信到海岸城商场扫描二维码，即可获得海岸

城微生活会员卡。凭借开卡时得到的兑奖码（兑奖码出现在微信消息或特权详情页面），到海岸城商场二层客服台即可领取U盘或QQ公仔或50元餐饮现金券。具体以现场当日公告为准，每人限领一次。(4.0版微信扫描此网页上的二维码也可获得会员卡，但需到商场内再次扫码才会得到兑奖码，以微信消息的方式发送)。

2. 持海岸城微生活会员卡到以上商家都能尊享商家特权优惠，到商家后出示验证码即可尊享会员优惠。

3. 在腾讯微博发表话题#海岸城微生活#@深圳海岸城便可参与抽奖，每周抽取50名，每人100Q币。

三、美丽说——让一件商品得到不断的传播

美丽是目前国内最大的社区型女性时尚媒体，致力于为女性用户解决穿衣打扮、美容护肤等问题。

2012年4月24日，美丽成为首批登录微信开放平台的应用之一。用户通过微信，可以让一件商品得到不断的传播，做口碑营销。

美丽说上，有很多与女性时尚相关的内容，在用户使用美丽说App时，可以将自己喜欢的内容直接分享到微信中。同时，在使用微

信时，用户也可以将美丽说中的内容和好友进行分享。

只要是有价值的东西，用户都不会吝啬和朋友分享，电脑上如此，移动设备上更是如此。在美丽说和微信的合作中，用户通过微信，把一件美丽说上面的商品一个接一个传播开去，直接有效地提升了品牌传播力。

微博营销实战全攻略

企业官方微博如何正确定位

在微博构建过程中，对企业来说，微博定位是非常重要的。如何来定位微博呢？具体可以从以下三方面去理解：

一、品牌人性化——给品牌做一个微博自画像

在确定企业官方微博的时候，首先要给自己的品牌制作一个自画像。自画像做得最好的，当属麦当劳和肯德基！肯德基爷爷的形象非常到位。

如果企业在微博上也能够把品牌定位成一个复合的形象，再通过微博展现出来，让用户感觉到人性化，会有利于更好地沟通。

在制作微博自画像时，企业要考虑两个问题：第一，企业的标签是什么？第二，想以怎样的形象出现？

1. 企业的标签是什么

这里的标签指的是，为虚拟形象所代表的人贴的标签。如果企业是做包包销售的，就要给这个微博贴一个标签、划定一个职业。首先，肯定是女性，因为很多用户是女性，希望这个微博是一个专业导购，能提供各种包包推荐、资讯。所以，这个微博就可以贴上一个标签——“专业导购”。

2. 想以怎样的形象出现

如果你希望微博成为用户的朋友，可以非常热心地帮助用户解决一些问题，还可以在微博上贴上“朋友”或类似的标签，以拉近跟“粉丝”的距离。

标签划定之后，微博就会以正确的形象出现在受众群体中了。

二、角色定位——给微博一个身份

要把官方微博当做一个拟人化的形象，给它一个身份、一个角色，比如：专家、学者，或是公司所从事的某个行业中的专家或导购。一旦确定了微博的角色，微博上说的话就代表了这样一个身份，对企业而言就是一

种营销。

只有将这个身份确定之后，才能知道微博要说什么样的话。通过对微博的整体定位，才会呈现出官方微博的虚拟形象。在确定企业微博身份时，企业需要了解两个问题：第一，你是谁？第二，你想做什么？

（1）“你是谁”。就是说，企业定位的品牌愿景是什么？只有把这个问题搞清楚了，才能将企业的这种规划通过微博折射出来，一一呈现给用户。

（2）“你想做什么”。有的企业是为了做销售，有的企业是为了树品牌，有的企业是为了做危机公关，有的企业是为了做客户关系管理……你的企业想做什么呢？一定要搞明白。

在做微博的时候，企业一定要搞明白：要把微博挂到哪个部门，希望微博能承担的责任是哪部分的。

三、关注微博内容——用内容吸引客户

毋庸置疑，任何一个企业都希望自己成为中国某个领域领先的企业。可是，为了实现这个目标，该说些什么话呢？

1. 你想跟谁说

为什么首先要搞清楚这一点呢？因为那些围绕在企业的生态链上的伙伴或人群，都能成为我们的“粉丝”。

有的企业至少会建两个微博，一个是官方微博，用来发布企业正式的信息，需要以媒体或机构PR去做；一个是与客户群、“粉丝”日常沟通和互动的平台，这个微博承担的功能，更多的是跟消费者或用户沟通和交流。比如，凡客的“粉丝”团。

做微博时，企业一定要知道是去跟谁说话。因为微博做的是相对精准的营销，不可能指望一个微博能承担所有的功能。企业有不同的品牌、不同的业务、不同的职能部门，每一块都可以建立官方微博，然后负责单独某块的目标用户群的辐射，为用户解决或提供某些服务。明确了要“跟谁说”，然后就是你“想说什么”。

2. 你想说什么

官方微博开通之后，可以说一些和企业相关的内容，也可以说一些和消费者、目标“粉丝”相关的内容。例如，梦芭莎就以女性目标群体为主，在内容规划的时候，涉及美容、健康、服饰搭配、潮流等。

“梦芭莎”建立官方微博的时候，不仅讲自己的内容，也会讲一些和“粉丝”相关的内容。很多企业没有考虑这方面内容，开了官方微博就乱说一通，内容没有规划；整个微博内容没有体系、没有一个核心、没有一条主线，东说一句西说一句。可是，只有企业知道自己想跟谁说，知道自己想说什么之后，才能形成一个核心。

企业官方微博“内容为王”

很多人说“内容为王”，这个“王”怎么理解？如何来对微博内容进行规划呢？

一、“内容为王”的含义

在微博营销中，为什么要说“内容为王”？

1. 内容是吸引“粉丝”持续关注的核心价值

“粉丝”之所以会关注你的企业微博，很大程度上是因为你能为其提供一些行业性的专业知识，能够给用户提供一些希望获得的利益，比如：促销、打折、做活动等有价值的东西，而不是每天看你发的笑话、星座、语录。这些东西有没有用呢？有用。但需要控制和协调其所占的比例。

2. 内容能够直接体现企业和自身的品牌形象

什么叫直接体现？“粉丝”要了解企业信息，只能通过内容去了解。内容是低俗，还是高雅的，要从说话的方式、语气体现出来，要和企业的品牌定位联系起来考虑。

如果微博定位是权威的专家、行业的学者，就不会说一些低俗的话；如果定位是20岁的年轻人，说话的方式、语气就要显得活泼和开朗。由此可见，拟人化形象确定之后，内容就体现出企业的形象。

3. 内容体现了企业的身份

如果在微博里经常谈一些娱乐、八卦，一周才发一条关于营销的内容，“营销”的标签就会被慢慢淡化。消费者和用户不能跟你面对面沟通，只能通过微博了解你。如果他们看了很多条微博，发现你谈的都是些与企业无关的内容，在“粉丝”心中就会留下很不好的印象，不仅会降低微博和企业品牌的关联度，还会稀释和淡化企业的专业度。

二、如何确定微博内容

在确定微博内容的时候，至少要在以下三个方面发挥其应有的价值：

1. 话题要与企业有关系

微博中谈论的话题要和企业有关系，包括品牌、产品、服务、历史、技术、团队、顾客的体验等。用户和企业之间产生消费后，就会建立一定的口碑，就会和企业进行互动，这些才是微博内容的方向。

2. 内容要与用户有关系

如果在微博上统统是与企业相关的内容，做起来也挺难的！一年365天，每天都谈论和企业相关的内容，会给企业带来很大的压力；可是，如果能够谈一些和用户相关的内容就会轻松很多。

比如：梦芭莎，面对的用户是25～40岁的女性群体，可以谈一些和服饰、搭配有关的话题，也可以谈一些有关美容、健康、亲子的话题，对于自己感兴趣的话题，用户就会多关注一些。如果每天都谈汽车、经济、

足球、股票这类偏男性化的话题，“粉丝”自然不会“上钩”。

3. 与企业和用户都要有关系

当消费者购买了某一款产品之后，有可能会发一条微博进行表扬或是投诉；如果企业捕捉到了这样的信息，就可以进行二次转发并加以点评，和用户形成互动。有时，还可以刻意去引导消费者制造口碑，使之成为企业官方微博的话题之一。

三、如何选择具体内容

吸引“粉丝”，就如同钓鱼一样，想要吸引什么样的鱼，就要用什么样的鱼饵。只有把这些“粉丝”留下来，让他们长得更好，才能给你创造价值；否则他们只要点击一下“取消关注”，就和你脱离了关系。

1. 知道用户想要什么

“粉丝”之所以要关注你的企业微博，有些是希望获得经济利益，有些是想获取知识。企业在做内容规划时，就要对准“粉丝”的胃口，知道他们要什么。因此要对“粉丝”进行分析，比如：性别、职业、年龄、喜好……摸清他们的喜好之后，再投其所好，才能将有价值的东西提供给“粉丝”。

2. 让用户有所获

要想吸引“粉丝”，就要站在“粉丝”的角度，思考他们想要的东西；然后，站在企业的角度去执行。企业要做的不仅仅是微博的传播，更是微博营销。

营销需要对结果负责，需要对企业投入的每一分钱负责。所以，在写微博文案时，要有意识地引导消费者去认知企业的品牌，这是企业必须要具备的营销思维。

3. 合理安排时间和内容

很多官方微博每天几十条信息，但很多都和企业没什么关系，品牌关联度太低。

和企业相关的内容、企业和用户之间的关系，统称为“与企业相关的信息”，这些信息之间的比例怎样控制？可以从两方面思考，一是分阶段，二是分时间。

四、如何制作微博内容

同样一项产品推荐的文案，有人能够写得非常出彩，有人就直接把产品的材质、质量、价格搬上去……不同的表现方式获得的效果会完全不一样，因此要学习文案怎么写。

文案绝不是简单的汉字堆砌，这里有四个策略仅供参考。

制作微博内容的四个策略

策略	说　明
具备营销的思维	要明确一点，我们做的是微博营销，而不是一个简单的告知和传播
有广告的创意	微博文案是有目的的，要引导用户认知企业，从而产生销售。 “粉丝”都喜欢新奇的好段子，文案要具备广告的创意
有品牌理念	文案要和企业的愿景、理念、品牌相符合。要想做高端的品牌企业，就不能在微博上乱写，也不能说一些粗俗的话
有危机意识	不管是和企业相关的内容，还是做产品的推荐，或其他方面的内容传播，都要对微博文案进行审核，比如：错别字、标点等。销售时，如果错把6.5折写成了8.5折，后果就严重了

微博是一个公开的自媒体，特别是当微博拥有了几万、几十万甚至更多的“粉丝”，微博每条信息的审核编辑都必须非常慎重、大意不得。

用有效的时间创造出最大的效果

不管你的内容编撰的再好，如果不能在有效的时间内呈现给用户，也是无效的。那么，该如何用有效的时间创造出最大的效果呢？

一、在第一时间将信息准确地传给用户

每个用户都会关注很多微博，如果我们不能摸准用户玩微博的规律，微博内容不能抢占第一屏，就很难把信息精准地传达给用户。所以，内容发布最核心的就是要摸准新浪微博用户发布微博的规律，摸准消费者和“粉丝”上微博的规律。

二、调整发布时间，形成规律

做活动的时候，要调整好自己的发布时间，因为每个时间段发起活动的最终效果是不一样的。相关资料显示，新浪微博在周四最活跃，周一反而不是“粉丝”最活跃的时间。因此，最好将活动放在周二至周四的时间段。

做产品推荐时，早上发微博的效果一般都不太好。真正的用户通常都是在晚上下班之后，8 点以后进行网购。产品推荐的信息，最好放在晚上八点钟之后。事实证明，发微博的时间进行这样的调整之后，销售量肯定会上去。

三、用专业化和人性化为营销助力

微博相当于企业在微世界里的一个办事处，也可以叫“形象店”或“体验店”。如果这个“形象店”或办事处发布的信息不规律，有消费者来咨询，就会造成不良影响：首先会错过一些消费者或用户，其次给人留下非常不好的印象，影响公司形象。

因此，一旦开通了微博，就要花心思好好做。很多企业也开通了微

博，可是留言板中积累了大量的留言，却没有人去处理。如果“粉丝”进入企业主页面后，发现留言没人管理，没有互动，以后就不会关注这样的企业微博了。

采用正确模式实现预期效果

做微博营销，内容发布模式也是很有讲究的。发布的内容要应季，要定期更新，同时做到以下四点：时间有规律、内容有规划、互动有回应、定期有更新。只有这样，才能实现预期效果，才会有更多的人愿意去收听、愿意去互动。

很多上班族特别是在传统企业上班的，一般都是5：30下班，之后微博就没有人管了。其实，下班后到晚上这一段时间玩微博的人很多，可以好好利用这段时间更好地跟他们接触互动，倾听他们的声音，但大多数企业的微博这个时间段是没有人管理的。

一线微博的运营，很多就是起得早，睡得晚，公司会安排相关的人去接替晚上的工作。有些人说微博营销成本低，其实其中的人力投入是很高的。

没有真正非常好做的营销，也没有真正非常难做的营销，只要选择适合自己的营销方式，选择自己最喜欢的营销方式，投入热情去做，最终都能创造出一定的成绩。

微博营销并不需要编辑每天原创多少内容，需要做的实际上是一个资源的整合。

- 只要不断地收集消费者的口碑，稍微组织、编纂一下拿过来引用，就可以了。

- 企业的信息、动态、文化等，在宣传册上都有，只要微作提炼、加工就行。

- 和用户相关的一些话题，可以转载，再伪原创。

由此可见，编辑人员真正自己原创的内容没多少，不会太累。无非就是跟“粉丝”互动一下，只要达到这个目的就行了，不用去刻意地创造内容。

“养”好自己的微博账号

今天，微博已经成为一种不可缺少的互联网应用。但是，作为一个新生事物，微博有其存在的独特性，在营销方面也是与众不同。因此，要想在微博平台大显身手，要为自身产品推广助力，还得遵循微博自身生存的特点，积极打造高人气。那么，如何来运营自己的微博账号呢？

一、照顾好在企业的微博账号

如果说企业的微博账号是个孩子，那么，孩子出生后，只有精心照顾，孩子才能健康成长。微博账号也是这个道理，那么如何来“养”自己的微博账号呢？

首先，要适度更新微博内容。企业开通微博之后，要想成为活跃的微博账号，就要坚持每天登录与更新，千万不要刷屏，否则“粉丝”会取消对你的关注。

其次，企业所发表的微博必须是“行话”，不能一会儿说说娱乐八卦，一会儿又发几个无厘头的冷笑话。如果这样做了，即使你再勤奋，也是在做无用功。

1. 多参加话题的讨论

要经常进入广播大厅，看看大家都在讨论什么，或者看看圈内的一些热门话题，加入其中，发表你的观点。很多人进入微博之后，会搜索他们感兴趣的话题，这样就缩小了别人搜索你的范围，加大企业的受关注率。

2. 持续评论转发

一旦对同行进行了关注，就不能只看不说，要多评论，多转发。一般情况下，这种持续的关注会得到对方的回应。尤其重要的是，要跟圈内比较有名望的人士在微博上多互动几次，这样其他博友就会留下深刻的印象，你的人气也会得到不断提升。

二、充分利用晕轮效应，给微博账号加个“V”

在互联网世界里，最重要的事情就是真实，网友们一般都更关注那些资料齐全、身份可信的人。为什么明星都要给自己加个“V”吸引“粉丝”？就是因为这个原因。所以，要想运营好企业的微博账号，就要想办法申请身份认证。

在身份认证之前，企业要不断积累关注人数、“粉丝”数量和微博文章数，以此来积累经验。如果通过了身份认证，企业在圈中的地位自然会更加稳固，所发表的话题也会有一定的分量，在这个基础上做推广，显然会更加顺利！

三、提高层次，注重专业性

做微博不同于生活中玩微博，要突出你的专业性。如果个人私下玩微博，关注的对象可以是影视明星、文学作家、亲朋好友，也可以是自己所感兴趣的一些官方网站，通常转发和评论的是这些人的言论，原创内容也只是自己生活的一些细节。

可是，如果要将微博作为一种推广工具，就不能这么“感性了”。你所关注的对象应该是与网络相关的人士和你所处行业的相关人士。如果企业是做书籍推广的，就要关注这方面的微博；如果是做旅游方面推广的，就要关注旅游官网和同行。这样做，会给企业带来极大的好处：

第一，当企业对自己有了明确的定位之后，大部分“粉丝”肯定是同行，在某种程度上会确定你在这个圈子的地位。

第二，你可以从他们的微博动态中得知最近的行业新闻、动态，学习别人的经验心得。

第三，你关注了别人，别人也有机会关注你，进而增加了你与同行交流的机会，不仅可以扩展人脉，也可以为以后在该行业的发展奠定一定基础。

……

微博推广过程中有很多技巧和方法，要不断地总结和学习，须知：微博的高人气是需要长期培养的。以上三种方法是必须掌握的，除了这三点之外，还有一些方面是需要注意的，比如：

在介绍产品信息时注意一定的发布技巧，为了刺激消费者的各种感官，可以综合运用文字、图片、视频等多种传播手段。

企业微博须适时地提供一些新鲜有趣的东西，如：制作热点事件的专题，可以提高目标消费者之间的互动，产生较高人气。

就微博活动方面来说，企业可以适时搞一些优惠活动，吸引“粉丝”的关注；还可以主动发布某种主题引发“粉丝”的广泛讨论。

多途径“收网”寻找“粉丝”

“粉丝”是通过什么模式来发现企业的内容有传播价值的呢？

中国站长之王蔡文胜是这样说的：“当你的‘粉丝’超过100人的时候，就可能有1000人在看你的内容一样，当然你的内容必须吸引到‘粉丝’去转发的情况下，而只有内容吸引或者是‘粉丝’感兴趣的话题（内容）才能得到他的转发或者评论。当‘粉丝’超过100人的时候，你就好像是本内刊；当‘粉丝’超过超过1000人，你就是个布告栏；‘粉丝’超过10000人，你就好像是本杂志；超过10万人，你就是一份都市报；超过100万人，你就是一份全国性报纸；超过1000万人，你就是电视台；超过1亿人，你就是CCTV了。”

一个好的微博必须具备两点：优质的“粉丝”团和一定数量级别的“粉丝”。那么，数量级别的“粉丝”是如何形成的呢？

一、多关注周围发生的事情

这种关注可以分为两类：

（1）要关注热门话题、热门微博主、社会时局，微博定位“粉丝”喜欢的内容。

（2）互动环节，要多关注过千或者过万以上的“粉丝”，吸引他们对你的互动关注。

这样，企业就会出现在关注人的微博上，提高企业微博的曝光率。

二、多分析他人的微博内容

借助他人的内容可以让你的“粉丝”感兴趣，继而引起转发和评论；同时，还能增加你的微博曝光率。企业每天都要查看一下内容，对内容进行一下分析，看看这些内容是否适合你的“粉丝”。这个环节比较烦琐，需要一定的耐心，要勤奋，更要长期坚持。

三、多添加一些固定功能

所谓执行，其实就是在微博的基础上添加一些相对固定的功能，比如：#话题#、@人名等几个功能；同时，当你的“粉丝”达到一定数量时，可以尝试着更改标签。比如，当企业的“粉丝”达到5000时，可以更换具有5000“粉丝”的标签排行，进入更前。

（1）#话题#。能实现在微博上的一些搜索功能，发布得越慢，排名越靠前，这是新浪微博的搜索计算方式。

（2）@人名。不管对方是不是你的“粉丝”，都可以吸引他来回复你，或者来转发你的内容。这也是一种互动，可以增加企业微博的曝光率。

如何起步积累第一批“粉丝”

微博账号的运营，最重要的一个任务就是增加“粉丝”的数量。作为一种自媒体形式，只有“粉丝”数量上去了，企业的微博账号才能传播到更大的范围，才能凸显其营销价值。

很多企业都是通过认证或者微博有奖活动来增加“粉丝”、打响知名度的。那么，如何才能积累起第一批“粉丝”呢？其实，微博加“粉丝”的方法有很多，这里就给大家介绍一些非常实用的技巧。

一、给自己建个身份证：申请微博认证加“V”

微博是一个虚拟空间。就像是在QQ上一样，绝大多数人使用的都是自己的网名，因此很多人对网络信息都不信任。而微博是一种基于信任的人际关系的网络，不管是对于个人还是企业来说，认证都是一种供“粉丝”信任的重要凭证。比如，新浪微博。

新浪微博主要针对以下四种人进行认证：

第一类：有一定知名度的演艺、体育、文艺界人士。这部分人是普通民众的意见领袖。

第二类：在公众熟悉的某领域内有一定知名度和影响力的人。他们有一个统一的称呼——专家。

第三类：知名企业、机构、媒体和其高管。他们对公司员工具有很大的影响力，同时也是一种意见领袖。

第四类：重要新闻的当事人。很多重要事件的当事人需要一个表达的出口，比如：报纸和网络，但是报纸程序麻烦，时效性比不上微博；而网络论坛等没有认证，缺乏信任。微博则兼具了两者的优点，不仅具有认证的信任性，也具有网络的即时性。如新浪微博认证：点亮V图标。

那么，该如何得到微博的认证呢？

为了避免身份混淆，引起公众误解，国内的微博一般都会实行身份认证。认证的范围包括：娱乐、体育、传媒、财经、科技、文学出版、政府官员、人文艺术、游戏、军事航空、动漫、旅游、时尚等领域知名人士的认证申请。

用户如何得到微博的认证呢?

首先，确保你是在上述需要认证名人的范围之内。

其次，登录新浪认证申请平台填写信息，申请个人认证。一般在收到申请后7个工作日内进行处理。

再次，微博认证要使用实名，且为最被公众熟知的姓名或称谓。一定要提供准确翔实的身份说明介绍，提供确切可验证的即时联系方式，如邮箱、单位和个人电话等。

最后，还要提供当事人的身份及工作证明的扫描件。

除个人之外，微博对于媒体、网站、企业公司甚至政府机构都有相关的认证规范。

媒体官方账号如何申请新浪认证?

（1）微博使用实名，并且是最被公众熟知且具备媒体特征的名称。一经认证，微博昵称是不能修改的。

（2）在微博中发表一条以上博文，至少关注1个人。

（3）下载填写《媒体用户认证信息表》和《媒体认证申请公函》，参照公函后的注释填写完整。然后，发送文件扫描件/数码照片（公函需盖红色公章）至 weiboxiaolaba@ sina. cn。收到确认后，通过认证的邮件后，将原件邮寄至新浪微博媒体合作组备案。

二、优化你的标签，打造高“粉丝”

很多人都热衷于增加自己的微博“粉丝”，其实要想打造一个高“粉丝”量的微博个人主页并不难，最重要的是你对它要有一个正确的认识。

首先，要明确的是：如何发送 Twitter 消息、你说什么或是你跟谁说；更重要的是你是谁，这时候企业要善于利用微博的标签。微博标签是一个好工具，一般来说，每个微博最多可以加 10 个标签。当然，这些标签怎么加也是有讲究的。

1. 标签的作用

标签有两个作用：第一，为微博博主进行素描，让“粉丝”识别你的类别，从而判断微博的主人是怎样的人，最后决定是否去关注你；第二，出现在标签搜索结果的列表中，便于对这类标签感兴趣的人关注。

2. 如何善用你的标签

首先，标签要凸显出微博内容的专注点。从标签的内容中，用户可以了解企业的内容方向，了解企业经营微博的基本定位：创意和有趣，吸引更多追求创意、精致生活的目标人群。

其次，不要写过于热门或过于冷门的标签。如果企业的标签太热门，比如：服装、新闻等，那么很有可能在前几十页的搜索结果中都找不到你，影响微博的曝光率；如果企业的标签非常冷门或者偏门，像“西南土丘”等，几乎没有人搜索这些标签，也就失去了标签的作用。

当然，使用微博标签并不能最终决定企业“粉丝”的增长，但是可以肯定的是，经过优化的标签的确能让企业的微博更加专业，得到更多人的关注。

三、从身边的朋友开始扩大关系链

微博是一个社会化媒体。社会化的核心是人际关系链，因此要想增加“粉丝”，可以从身边的朋友开始。事实证明，从朋友开始推广微博是一个原始的但非常实用的方法。这里面有几个技巧是需要掌握的：

第一，开始的时候，微博的互动一般都比较少，在这个阶段可以主动向朋友发送一些信息。在讨论话题的时候，可以让他们予以帮助。不过，要确保讨论的话题足够有趣。如果将企业的微博账户进行战略上的结合，企业会结识很多新朋友，最后成为你的“粉丝”。

第二，提醒你的朋友们关注你。如果你的朋友没有微博，那么就要督促他去注册一个微博账号，然后去关注你。

怎样去提醒他们呢？可以在你的 QQ、MSN、电子邮件的签名档、名

片上以及现实的社交中，注明自己的微博，然后写一个提醒关注的文字。还可以专门去写一个 E - mail，通知朋友们你已经开通了微博。

第三，要与好朋友们充分地互动。如果你有一万的“粉丝”，朋友也有一万的“粉丝”，大家互粉一下，就会有两万的曝光量，大大提升了你的“粉丝”数量。

四、在个人媒体上加入微博关注按钮

在社会化媒体营销中，一个基本的原则就是：要有一个网络枢纽来将所有的社会化媒体活动连接起来。所以，为了提高各个平台之间的联系，可以在网站中加入微博按钮。

在微博时代，企业要动用所有的个人媒体资源来推广微博，在自己的博客、人人、QQ、论坛等交流平台上贴出自己的微博账号，相信平时与自己志趣相投或经常光顾的人一定会在微博上关注你。

具体来讲，企业可以在博客首页加入一个微博按钮，直接链接到自己的微博账号。这个按钮最好设置在首屏的位置，让“粉丝”能够迅速看到。

同样，如果你在论坛很活跃，或者有合作网站，也可以在签名档中加一个微博账号的链接。当然在 QQ 和 MSN 的签名上，也可以注明自己的微博地址，让他人看到。但是，用户看到之后很有可能视而不见。这时候，

为了引起客户的关注，就要发挥文字的力量对企业微博进行推广！

事实证明，一个有创意的文案能够立即将人们吸引过来，点击链接，加你为“粉丝”。企业可以借鉴论坛中很多帖子要求顶帖的文字，撰写自己的微博推广文字。

五、让微博内容更有价值

作为一种自媒体，“内容为王”这句话依然是微博运营的一个重要法则。如果负责运营这些品牌账户的工作人员经常发布一些无聊而又跟消费者们无关的广告信息，用户就会把你的微博账户拉入黑名单。

微博的内容运营是一门学问，简单的三言两语是不够的。如何才能让企业的微博内容变得有价值呢？可以从下面几点做起：

1. 摘抄一些好文章、好句子

可以把你的微博当成一个记录本，自己在平时阅读时看到的好文章、好句子都可以摘抄下来，放在微博上分享给大家，内容多的也可以给个链接。最好配个图，因为图片比文字往往更直观、更能够打动人心，实在没有图片的，可以在网上找个图片来为自己增色。

2. 转发一些有价值的内容

微博上，有很多有价值的内容，只要微博编辑善于发现，并做到转发，就会让更多人受益。如果微博编辑能够在转发的基础上加入自己的评论或者看法，这个转发的微博就会变得更有价值。

3. 内容要实用

如果想增加微博的数量，最好不要有自恋的心理。很多人学明星，经常就生活中的鸡毛蒜皮发生一些调侃。殊不知，明星已经有了很大知名度，在微博上，即使关于他们的一些鸡毛蒜皮的小事，都具有八卦的价值；如果你的这些事情和其他人无关，别人为什么要八卦你呢？所以，编撰微博内容的时候，要介绍一些实用性的内容。

4. 内容要专注

事实证明，只有专注的内容才会有价值！比如：“@冷笑话精选”：就是发搞笑的、有意思的文字和图片；“@互联网的那点事”：就是发互联网行业的事件、资源。用户只要看到这个熟悉的头像就知道在这条微博能读到什么内容，符合现代人快速阅读的习惯。如果在企业的微博中，各种各样的信息都有，会让人产生不信任感。

六、加入微群，善用微博上的管理工具

微博上有很多值得使用的工具，有了这些工具就可以让企业的微博得到更高的曝光。这些都需要去发掘，并好好利用它们。

1. 可以加入微群

微群是微博中兴趣爱好一致的人组成的讨论群，有点类似豆瓣小组，只是其内容形式是一条条微博，而非帖子的标题。

微群中，都是有共同话题的兴趣小组，这些人就是你的微博的潜在读者，只要企业的内容足够好，就能让这些人注意到你的微博。微群一般由成千上万的微博组成，有了他们的帮助，企业的微博曝光量怎么能得不到提升？

在微群中需要注意三个技巧：

第一，不要在一段时间内集中发微博，这样就会出现刷屏的嫌疑，严重者还会被踢出该群。

第二，可以在微群中提出一些问题，但不能太难。一般来说，人们都习惯好为人师，这样的问题会吸引到很多答案，从而提升你微博的曝光率。

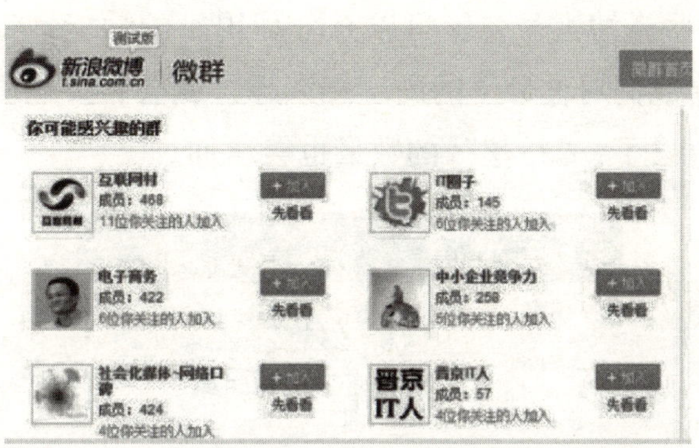

第三，不要加入过多的微群，要将主要精力放在那些具有众多微博账号的微群上。只要你在一个微群里够活跃，一段时间之后你就会成为这个群里的积极分子，甚至意见领袖。

2. 寻找其他有意思的工具

微博上，有很多好玩的应用工具，都能帮企业进行推广。比如：“粉丝汇”就是一个加“粉丝”的好帮手；“关注查询工具”能够帮助你管理好自己的微博；而“互粉查询”则是一个管理互粉的好工具。

随着微博的不断成熟，还有更多的微博工具等你去发掘，善用这些工具对于提升你的微博数量是一个有效的办法。

七、主动和微博“粉丝”进行分享

微博是一个开放性的分享平台。一个懂得分享的微博，必然会受到众多人的关注和拥护。但如何和“粉丝”进行分享呢？

1. 要对自己的“粉丝”类型和内容定位进行确定

如果是企业微博，要看一看自己的企业属于什么行业。如果你们企业主要从事的是汽车模型的制造，就可以与其他“粉丝”分享市场上最新的汽车模型，还可以分享国外新鲜的资讯，这样就可以吸引对汽车模型感兴趣的“粉丝”了。

2. 要学会使用微博的“@”功能

这里说的不是转发时的被动@，而是写微博时的主动@。如果在你的“粉丝”中有一些微博大号，就可以充分利用@的功能，将微博的内容与他们分享；如果他们对你分享的内容感兴趣，就会转发出去……这样，企业的曝光量就上去了，“粉丝”的数量也会增加。

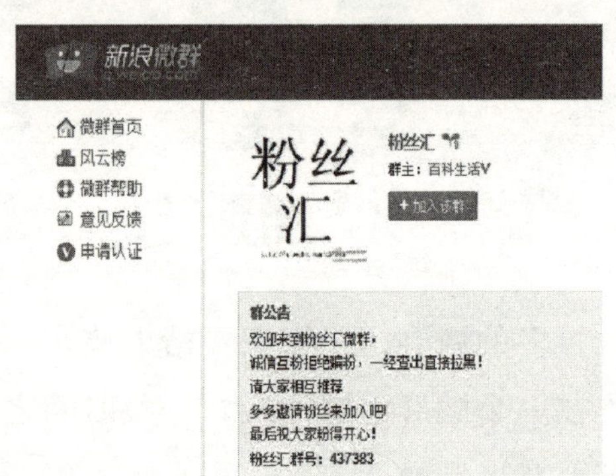

3. 充分利用收藏的文章

文章的收藏，具有一种拥有感，很多人喜欢用这个工具去下载东西。使用“微盘”的时候，你可以将喜欢的文章整理成 PPT/WORD/PDF 等文档，供他人下载。别人下载之后，就会自动形成一个微博：“我刚刚下载了一个 ××× 的文档很有用，下载地址是 ×××。”如果经常去分享一些这样的内容，你的曝光量就会增加，关注你的人也就多了。

八、用大号和中号的名气提高自己

在微博中，有很多厉害的“大牛”，他们不仅拥有很多“粉丝”，微博的转发率也非常高。做企业推广的时候，要学会借助这些人的账号。那么，如何找到这些“大牛”呢？

其实很简单！比如，在新浪的微博广场上，会推荐一些领域内的重要人物，你可以去关注他们，并经常@他们。如果其中有一个人转发了你的微博，你的“粉丝”数量就会直线上升。据说，影视名人姚晨有一次无意中看到一条有意思的微博，转发之后，“冷笑话精选”的“粉丝”一天就涨了1000个，这就是名人效应。

其实，这些拥有几十万、上百万的“粉丝”“大牛”，每天要处理很多私信，即使你@它，也未必能够获得转发。一口吃不了个胖子！你可以去@一些有几千、几万“粉丝”的微博账号，这样微博的能见率就会增加，被转发的机会也会增加。此外，如果你认识新浪的微博编辑，就可以得到广场内推荐的机会，获得更多的“粉丝”。

九、优化微博页面、干净示人

俗语说得好，来的都是客！客人来之前，就要将自己的“屋子”打扫干净，表示出对客人的尊重。同理，要想得到别人的关注，首先就要树立一个良好的态度，同时微博界面也要很友好。如果你的微博页面杂乱无章，会将客人“赶走”。

就微博页面来说，优质的内容能够给用户留下一个好的第一印象。如何来设置微博页面呢？最简单的办法是选择一个微博模板，下图是新浪微博模板，仅供参考。

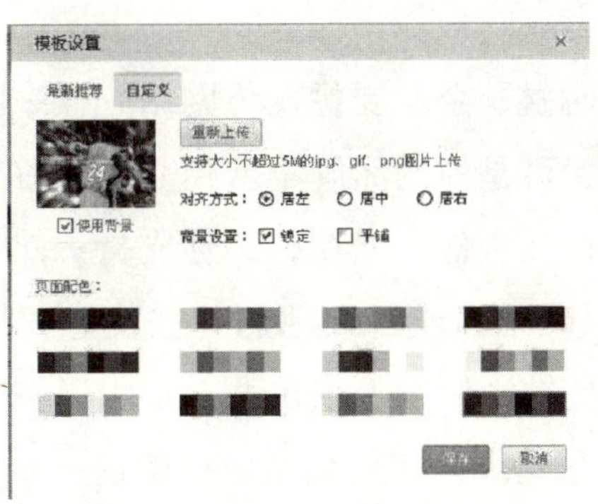

该模板既美观，又能体现出该微博账户的特点。如果有条件，还可以专门制作一个微博背景，给“粉丝”的视觉造成一种冲击力。或者，在背景上写一些欢迎词，让“粉丝”产生一种受尊重的感觉。

此外，优化界面的时候，充分利用“##”的话题功能，配上一些精美的图片或者视频，“粉丝”们就有可能停留几秒钟去看看你的微博。

十、把握时间，随时更新，长期互动

在新浪微博里，如果你刚发了一条微博，就会获得“推荐给新注册用户默认关注”时间，通常只有几秒，但这几秒钟往往是非常宝贵的。用得不好，你的微博可能会带不来一个“粉丝”；用得好，一条微博可能带来几个“粉丝”。

资料显示，在周日、周四、周五这三天发微博和新注册的用户偏多，在11：30—13：30、16：30—18：00、20：00—22：00这段时间发微博和新注册的用户偏多。这些数据虽然只是粗略的统计，并不精确，但却可以拿来做参考。

晚上，要集中看一下今天有谁转发了企业的信息，评论了你的信息；对于转发的人要说一声“谢谢”。人和人之间的关系都是要维护的，别人帮你转发了，你说一声“谢谢”，你们就可以开始交流了；慢慢地，你们就会成为网上比较熟的朋友。

十一、积极奖励“粉丝”

在做微博营销的时候，企业要像宣传网站一样来推广自己的微博。如果企业刚刚建立微博，可是你的品牌早就树立了良好的影响，这时候，就可以鼓励你的忠诚客户加入你的微博，给你支持；然后，用一些可以自设的徽章/标签给他们以奖励，或者给他们一些优惠。如果你手头有某优惠券、电影票等，只要能够送给别人的东西，都可以拿来作为一种激励。比如说，只要“粉丝”量达到一定的数量，就赠送礼品。

事实证明，一个满意客户喊出来的话比你的营销术语要有魅力得多，而且会让他们情不自禁地给你关注和转发。世界杯期间，站长大王蔡文胜在微博给竞猜正确的人共送出了32台iPad，转发和评论达到了4.6万。

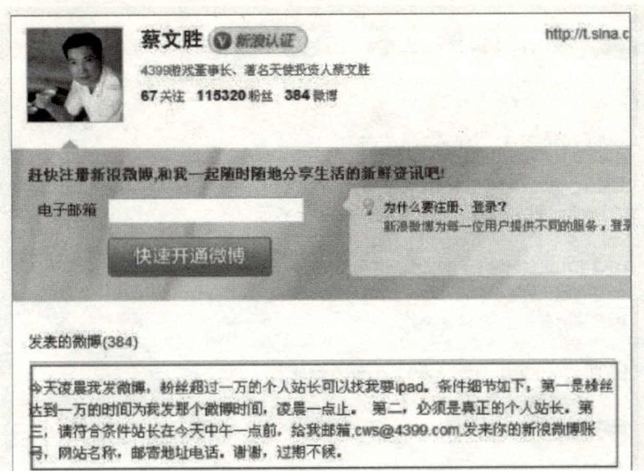

十二、主动要求加“粉丝”或者互粉

新浪微博中有一个新功能——“求关注”，只要你点击了“求关注”，对方就能收到这方面的需求。如果你们之间的微博数量差别不大，专业内容相同，就能大大提高你受关注的机会。当然，你可以给别的用户发私信，请求关注。

但是需要注意的是，要尽量找些同类人去关注，这样你的微博才会有价值。这些人都是可能对你感兴趣的人，只要你和别人有相同的标签，就会被推荐到别人的微博上面。企业也可以在微博介绍中注明“互粉”，或者在微博中添加“#互粉#”的话题，这样别人就可以通过标签搜到你。

这里有一些经验，或许对你有用：

首先，不要和互粉团互粉，不要和关注人数超过300人的互粉。因为这些人的页面信息刷新得很快，能够看到你的信息的概率很小，转发更不可能了。

其次，在积累微博“粉丝”期间，不要和“粉丝”数超过200人的互粉，最好只和“粉丝”数还是2人的互粉。这些人被专注得少，一旦你关注了他，他就会激发出很高的积极性；只要你的信息有趣，他们是很乐意帮你转发的。

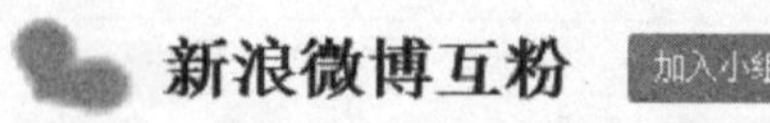

创建于2010-07-12　组长：此处省略1万字

大家好，你也许刚刚开始自己的微薄，关注你的人不多。这里将可以解决你的燃眉之急，
交换原则：别人关注你，你一定以关注交换。
交换步骤：
1：在本小组发布帖子：包含微薄地址和内容特点。
2：等待别人关注。
3：关注所有关注你的人。

我们的微薄地址是：http://weibo.com/zhucele
关注我们的朋友，都将被我们关注！
大家赶快行动吧！

十三、组织有意思的线上线下活动

微博是一种线上的社交工具，但也不能忽视了线下社交的作用。有了这样的线下社交活动，不仅能够进一步增强用户关系，还能建立企业良好的品牌形象，提升“粉丝”数量。

这里有一些常见的微博活动可以借鉴：

1. 人人有粥喝

在限定的时间内，突破一定门槛者，人人都有奖！

美国有家餐厅举办过 Fan Woody 活动，只要在某个时间点前 Woody 的“粉丝”超过 50 万人，就送给“粉丝”一人一张星期五餐厅的 Jack Daniels 汉堡折价券。

2. 幸运的 TOM

从“粉丝”中抽出幸运者或是特定“粉丝”。

航空公司 Jet Blue 曾经举办过“幸运的 TOM”活动。只要在 2010 年 1 月底前加入“粉丝”，就有机会获得任何航点的来回机票两张；每增加 25 万人，就多一个最大奖名额。

连锁快餐餐厅 Jack in the Box 也举办过“幸运的 TOM”活动。只要你加入，它就会给你提供 5 分美元（台币 1.6 元）当做奖金，一个月后所得总数将从“粉丝”中抽出一位幸运者独得。

3. 把“加粉”做成慈善

每增加一位“粉丝”就捐款给特定机构。

加拿大专门生产内裤的Stanfield，就曾经做过这样一个活动。他们与防癌中心合作，只要成为“粉丝”点赞，Stanfield就会给加拿大睾丸癌中心捐出1元，目标是达到25万人。

（以上文字参考黄科新博客：http：//blog. sina. con. cn/s/blog ba563d5c0101j4w2. html）

先和“粉丝”交朋友

一般来说，企业微博刚开通的一段时间内是不会有太多“粉丝”的，品牌效应强的企业情况可能会好一点，但也不会好太多。所以，增加“粉丝”，便成了各企业首先要做的事情。

可是，大部分运营者在运营微博的过程中似乎都没有考虑过这些问题：“粉丝”来自哪里？他们为什么关注你？你了解你的“粉丝”吗？他们有没有可能成为你的用户？应该怎样对待你的“粉丝”？……

“先做朋友，后做生意”，在微博上同样如此！不要期待网友一关注你就会成为你的用户，只有先和“粉丝”成为朋友，他才可能成为你的用户。那么，如何才能将“粉丝”变成朋友呢？

一、对你的“粉丝”多一些了解

企业微博运营一段时间后会积累一定数量的“粉丝”，这时便会出现一些有价值的“粉丝”。大概可以将其归为三类：

第一类是企业的忠实用户。作为企业较为忠实的用户，他们会对企业的一举一动表示出更多的关注。

第二类是摇摆不停的忧郁者。他们不是企业的用户，却了解企业品牌，想进一步熟悉，可是却摇摆不定。

第三类是边缘人。他们中不管是了解你的，还是不了解你的，都对你的品牌没有多大的兴趣，他们之所以会被吸引过来，可能仅仅是因为企业发的内容比较有意思。

对于第一类“粉丝”，企业每时每刻都要保持关注。他们是企业至关重要的组成部分，要多关注他们，跟他们进行对话、互动；还可以让他们参与到企业微博内容的创作中，让他们感觉自己就是企业大家庭中的一员。

针对第二、第三类“粉丝”，为了让他们成为企业的用户，首先要和他们成为朋友。如何跟他们成为朋友呢？企业要放下身段，与“粉丝”进行对话、互动；还可以把身段放得更低一点，与“粉丝”互粉。也许你一个简单的点击动作，就可能让“粉丝”心存感激，增加对企业的好感，直至成为企业的用户。

看看“粉丝”的微博，了解一下他们的爱好，给一些微博适当转发或评论……也许你一条贴心的评论，都会使他们异常震惊，他们也许会想：“××竟然这么了解我！”

还可以提出一些问题或困惑让“粉丝”来解决，永远不要忽视“粉丝”的热心与创意，他们也许不仅能解决问题，还能成为企业的用户。

……

有人也许会说，我们企业是世界500强，品牌格调比较庄严、肃穆，不能随便去粉别人，不能随便评论别人微博，否则会降低我们的品牌高度。可是，既然企业已经开通了微博，就已经降低了姿态，就要做好与“粉丝”平等对话、互动的准备。如果没有那么去做，只是刻板地发布一些公告、声明，微博营销就会变得毫无意义。

二、维持好朋友之间的关系

在生活中，朋友之间的关系是需要维持的。如果你和对方几年都没联系，结婚时才想起打个电话，这样很容易引起对方的厌烦。用微博做营销，同样如此！要时刻想着与“粉丝”聊天、互动、讨论问题，不要让“粉丝”感觉你忘了他们、冷落了他们。在这一点上，杜蕾斯的做法值得我们借鉴。

杜蕾斯官方微博是这样做的：

每个月，杜蕾斯都会从自己的“粉丝”中评选出一些“最粉丝”，为他们送出奖品，让“粉丝”明白企业一直在关注他们。在互动方面，杜蕾斯会让“粉丝”进行创作，一旦采纳就会送出奖品。这些举措，不仅让“粉丝”为杜蕾斯做出了有效地口碑传播，还增强了企业与“粉丝”的黏性。

企业开通微博的终极目标是让更多的人成为企业产品的用户，其中让“粉丝”成为朋友是成为用户的最重要一步。“朋友多了路好走”，同样对于微博营销来说，朋友多了销售就容易进行了。

微博写作是有技巧的

微博被转发是有一些规律的，每个人都有自己的写作风格，这里给大家介绍微博写作的一些小技巧。

一、语言风格要通俗，不晦涩

撰写微博的时候，语言风格一定要跟草根文化血脉相通，对屌丝、吐槽、高富帅等微博热词要烂熟于胸、驾轻就熟，尽量不用传统媒体那种“新华体”的方式写微博，尽量少说官话、套话，只有说老百姓喜欢的话，才能赢得“粉丝”的爱戴和关注。

每个人的身上都带着生活时代的烙印，在微博上，基本上是70后喜欢写段子，80后喜欢用图片，90后喜欢玩自拍、卖萌。这就说明，语言的能力越来越弱，但图片的能力越来越强，用户展示自己的能力越来越强。

微博的主体人群是80后、90后，所以语言风格要通俗，包括常用词也要迎合这个特点，比如：高富帅、屌丝、白富美、黑木耳等。

维护微博的时候要尽量年轻化。如果一个官方微博的定位是年轻人，那么，一定要找年轻人来维护，因为年轻人平常就在说那些语言，更有感触。语言风格一定要跟现在的文化相契合，跟我们整个的草根文化相契合。

网络文化语境跟主流媒体完全不一样，如果你在微博上用“新华体”去讲，就显得非常别扭。有些人之所以会受到攻击，可能跟他的语言风格有一定关系。

二、文字要简练，不拖沓

140字的容量，越精练越好。很多高度精练的一句话微博，转发量很高。简单的一句话背后，给广大“粉丝”留下的往往是广阔的讨论空间。

也许你会问，已经140个字了，再简练能简练到什么程度？答案是，还可以精练到一句话。有时候人们可能连读一句话或者140个字的耐心都没有，特别是用手机阅读的时候。因为这种媒体都是快速刷新的，可能一句话就过去了。如果你是作业本，别人可能会看你的长篇；如果你是韩寒，人家甚至可以点击看你的长微博，但你不是。所以，微博要尽量简练，甚至精练到一句话。

好多微博一句话就做得非常好，转发也非常好。维护微博的时候，应该向大号学习，大号的转发都是有热度的，遵循一些传播规律。

微博不是展示文采的地方，而是发起话题讨论的地方，一定要给别人留有空间。你把话说满了，让别人说什么？

三、情感要真挚，不虚假

你的微博只有感动了自己，才能够打动更多的人。微博基本上是一个透明的媒体，你每天的生活，你的吃喝拉撒，几乎全部都在里面，还包括你的关系网，通过挖掘你的微博基本上就能把你的社会关系全部挖个“底儿掉”，包括电话、联系方式、QQ、微信等。所以，写微博时一定要诚，微博内容一定要情感真挚。

在微博上，遭遇质疑和攻击是很平常的事情，要用宽阔的胸怀和娱乐精神化解别人对自己的质疑。既然把时间轴给了网友，人家好不容易有次说话的机会，就要鼓励人家说，要放下身段。千万不要攻击和谩骂他人。即使是一句带情绪的粗话，也会毁了你的形象。谩骂解决不了问题，它只能使事情更糟糕。

四、适度结合热点，引爆自己

博文本来就是一个话题场，如果微博上没了热点，那就没意思了。在微博上，几乎每天都会涌现热点话题、各种微博体。如果适时地与热点结合，借助热点的“热度”，就可以提高自己的曝光率和关注度。

微博有一个传播链，要在每一个链条上找到机会。这个传播链条需要大家去策划，但是每种策划都是可遇不可求的，每个热点都要做到天时地利人和，不是每条微博保证都火。

五、善于用微博讲故事

写微博就跟说相声一样，要善于制造悬念。高明的人会用 140 个字写出一个跌宕起伏的故事，把悬念和笑料留到最后。读完微博以后，给大家留有想象和讨论的空间。

六、多用疑问句，提高“粉丝”积极性

微博不是展示你文采的地方，而是你发起话题讨论的地方，因此要多

使用疑问句，把空间留给“粉丝”，激发“粉丝”的转发和讨论。一些大V都善于在微博中使用疑问句，特别是在写一些敏感话题时。

无论是@李开复的微博，还是@潘石屹的微博，用得最多的就是疑问句。有时候，他本来知道答案，但是就不说，因为他说了可能会对他个人有影响。但他的提问可以让你去讨论，他就想把自己变成一个讨论的平台。通过使用疑问句，既可以发起网友的讨论，又能够让自己置身话题之外，远离舆论旋涡。

七、学会使用长微博

有时候，微博140字的容量，是很难表达出有深度的内容的。其实，学会使用长微博、图片微博等工具，即使不离开微博页面，用户也能看完全文，微博的传播效率会更高。

八、善用图片提高微博吸引力

一张图片胜过千言万语，这是一个读图的时代，特别是在微博上，除了韩寒等人外，流传最多的就是与图片相关或带图片的内容。有些草根大号非常善于使用图片，即使仅仅配上一句话，也会引发“粉丝”的大量转发。

微博内容一定要跟图片结合起来，当然可以使用一些PS巧用，内容图片要跟自己的品牌和个人结合，这是非常重要的。

微博，如何凸显自己的特色

要想抓住热点，其实并不难！难的是怎么把热点经过加工后变成自己的。一条新闻出来以后，好几十篇都是类似的，怎样才能凸显出自己的特色？

一、掌握直播微博的要点

如何来直播微博呢？需要掌握哪些要点呢？

（1）速度要快。对于微博来说，只要你比别人快五分钟，效果可能就会非常好。

（2）切忌大和全。微博不是内容的照搬，要在海量的信息中找到最有价值的内容。

（3）抓住亮点。只要把用户最喜欢的那个点提出来就足够了。

（4）适当点评。一般不要超过10个字，精练、到位最重要。

（5）正确无误。发微博的时候，一定要认真检查一下，不要有错别字，否则会挨骂。

二、学会如何展现自己的特色

如何来展现自己的特色呢？

首先，可以把一段无序的内容变成有序而精彩的短微博；其次，可以把一篇文章浓缩成一条微博；最后，可以把一个事件梳理成一条微博……如果具备了这三个能力，基本上就可以处理日常工作了。

当然，除了这几方面，需要注意的还有以下几点：

（1）做微博，尤其是做140字的浓缩，一定要找到网友的兴奋点，否则会失败。

（2）语言不要太过平实，可以和同行一块儿谈论自己的语言。

（3）一条好微博，标点符号比文字更重要。一句话不要超过10～15个字，尤其不要超过15个字；必须要有标点符号分开，否则读着很费劲。

（4）省略号，比较规范的是6个点，可以激发“粉丝”的转发欲和看的欲望。

（5）做内容的时候一定要尊重原创，当你有原创内容的时候，他也会尊重你，这样就会形成一种良性循环。

三、了解@下的微博技巧

如果遇到比较复杂的事情，该怎么办？

（1）收集资料。面对海量的信息，首先要全面阅读所有的内容，然后把重要的、好的东西复制下来，粘贴到一个 TST 里面。

（2）简单分类。收集大量的资料以后，要把资料进行简单的分类，把多余的信息删除。

（3）内在逻辑。深入理解，深入观察，发现网友的内在逻辑，把你的微博提炼出来。

（4）添红润色。提炼完以后，要给每个逻辑拟个小标题。

对于微博编辑来说，能从大量的信息中筛选出来、总结出来是一项基本技能。只有让自己真正参与到这个事件当中，真正把自己变成局中人，才能得到不断的提升。

注重原创，不要做他人的“小尾巴”

微博要注重原创，如果没有原创，你的微博就会吃亏，永远都是跟随者。

一、如何原创

1. 原创 140 个字是基本功

对于大多数微博编辑来说，原创 140 个字是基本功。想做出一篇 5000 字以上的长篇大稿，没有很多年的记者经验，或者说行业经验是比较难的，但是编 140 字的博文还是有可能的。这里有三个词需要注意：紧跟热点、要精髓、学会保护好自己。

2. 说一些段子和观点

段子和观点是最具有传播力的方式。乔布斯辞去苹果的 CEO 之后，新浪科技第一时间发出一条微博。同行媒体跟进去以后一定比它慢，它的新闻微博可以转到好几千，你的微博却只能转到一两百，怎么办？要想一想，用户最关心什么？用户最想看什么？

如果你是乔布斯，你会怎么办？有人这样写：乔布斯的离去终于可以让微软的 CEO、谷歌的 CEO、Facebook 的 CEO 等众多大公司的 CEO 都长吁一口气了！

结果，这个段子一共转发了大概 5 万多次，成为当天转发比较高的一条微博。

sina新浪科技 | 科技时代 > 业界 > 苹果CEO乔布斯辞职专题 > 正文

苹果CEO史蒂夫·乔布斯辞职信全文

http://www.sina.com.cn 2011年08月25日 06:58 新浪科技

苹果CEO乔布斯（新浪科技配图）

新浪科技讯 北京时间8月25日早间消息，苹果董事会今天宣布，苹果CEO史蒂夫·乔布斯(Steve Jobs)辞职，董事会已任命前苹果COO蒂姆·库克(Tim Cook)接任苹果CEO一职。乔布斯被选为董事会主席，库克将加入董事会，立即生效 。

3. 一定要结合热点

如果在平常的情况下发一条微博，可能影响没有那么大，可是如果结合热点，效果就不同了。

2011 年 9 月，人人网收购了 56 网，早晨很早的时候就出了新闻。大家都在抢新闻，其实想一想，用户这个时候比较感兴趣的是什么？有一个网友是这样评论的：哇！56 网被人人包养了。

在这个微博，“包养”这个词用的就不错！完全可以这样往下拓展：56 网都被包养了，其他的几家视频网站都在干什么？优酷至今是“单身”，土豆肯定是“吃醋”了……是不是很搞笑？

二、掌握原创的技巧

如何写出原创性文字呢？

1. 趣而不俗

要想做高质量的传播，一定要符合大众口味并且趣而不俗。

2. 巧妙使用排列法、对比法

中国的网民最喜欢做的就是排队、站队，微博也一样！排列法是最好、最简单的方式。

3. 回到起点

原创的时候，一定要认真看看网友在说什么。把网友的内容扩散给网友，基本上就成功了一半。

三、原创的注意事项

1. 深度思考

原创不一定全都是结合热点，而是基于对事件或人物的深度认知思考。原创时，要对人物有一定的深刻理解。作为一个微博编辑，一定要苦中作乐，一定要找到自己的兴奋点，一边工作，一边娱乐，一边提升。

2. 知道自己的目标和衡量性价比

原创要深知自己的目标和衡量性价比，如果一条微博花了一个小时来构建，就一定要引起效果，要知道自己的性价比在哪里。

3. 把握好传播节点，学会推广

如果你的原创很精彩，一定会被复制，怎么办？这里有一个小技巧，一定要署自己名，原创不要超过 120 个字。

引爆微博的转发量

如果你的内容是独家的、原创的，就可以引爆；一个非情绪化的内容在微博上是很难得到爆点的传播的。

例如：2011 年 10 月底，三星研发了一款新手机，Galaxy Note 在上海开了发布会，一切都很正常。当时，有个网友说：地图有些问题。中国台湾没有了，新疆、西藏都不太一样，东北也不一样。

这是一个非常重大的事件！这么重大的一个发布会，韩国方面竟然把三星的地图给弄错了，完全可以在微博上把这件事情炒作出来。

一、学会发现爆点，高手在民间

平常积累的渠道，将是你爆点最有利的一个方式。如果企业没有积累这么多的合作伙伴，这么多的合作媒体，是不可能让微博在短时间里转发过万的。

二、把控好情绪，不要让人抓住把柄

有些人用到“愤怒”两个字的时候，会在后面加上一个感叹号——“！”。做爆点的时候，这是大忌！我们可以有情绪，但只能由网友自己去发现，不要直接出现在博文上，否则会引起很多不必要的麻烦。

事实证明，微博的威力真的很大！在爆点的时间上要慎之又慎，免得伤害到自己。

巧动脑筋提升微博的写作能力

一、写好每一个细节

要想写好一个文案，就要关注每一个细节，比如：要发出一个热点，学会一点 PS，一条平均转发在 100 次左右，每天都要坚持。写微博的时候，要有自己的理由，要对应当时的想法，要认真地去做每一件事情。

二、每周要有不一样的东西出来

每周要有不一样的东西出来，比如，搞定一个大号，跟一个高手交流，做一个小小的策划，做一个爆点，风格转变等。每个星期，都要有这样的一个改变。

三、每个月要有自己的一个亮点

每个月，每个微博编辑、每个微博账号都要有自己的一个亮点。要做出一个热点，一条转发为平均水平 30 倍以上。如果每个星期都能做出这样一个亮点，不仅可以让你的微博量得到提升，还可以让你自己经常保持兴奋点。

四、每年都要访问自己

微博编辑是一个快节奏、高成长的行业，每隔一年甚至半年，都要让自己获得一个台阶式的提升。要问问自己，这一年自己收获了什么？

如何用微博介绍新产品

无论是图书、食品、新服务，还是新开通的市场，都可以通过微博来介绍新产品。经常使用微博要做到有用、有趣、有条理。微博是一个知识和信息分享的平台，没有利用价值的信息，可以忽略不看。

在过去，生产商不直接面对消费者，中间是通过流通商，尤其对于图书这个行业，作者只有通过签售会，或者作者说明会，才能去跟顾客接触。但是在博文这个环境下，读者可以跟作者、出版者、销售者在一个场景下对话，而且每天都可以这样做。如何用微博介绍新产品呢？

一、巧妙利用图片增色

在广告业，有一句话叫“一个平面广告的70%的第一眼吸引力，来自图片”。在介绍新产品的时候，也可以插一些图片或者声音、图像，吸引用户注意力。

二、编写一目了然的标题

标题，可以把最重要的信息首先传达出来，让别人一眼就知道你想说什么。这是非常关键的！即使只有简单的有几个字。标题必须起到两个作用：第一，传达最重要的信息；第二，吸引阅读。

三、用合适的内文吸引“粉丝”

正文部分虽然只有140个字，甚至只有100个字，也要呼应标题展开

说明。要用这100个字说服消费者产生行动，比如：讨论、转发，抑或直接购买。

四、创造一个富有号召力的结尾

在结尾的时候，要用一些语言、符号来引导和方便消费者产生行动。比如：介绍一个商品，再贴一个链接，对消费者是非常有用的。

企业所传达的信息，一定要跟消费者建立起一定的联系，不能自说自话，自以为是。一定要站在顾客角度，让自己的语言、结构和风格上有趣味。

不管是企业自己的人运营，还是为广告主服务，一定要深入。当热爱它、对它保持着责任的时候，一定会挖掘出非常多的有趣的事情。

以“草根”为师，用微博发布新消息

用微博发布消息，要找合适的时间点。人群多的时候可以多发布一些，少的时候就少发布一些。可是，有时候在你背道而驰的时候，更会出现意想不到的效果。如果你在早晨6点多发微博，无论是互动的效果，还是传播的效果，都未必差。

作为企业领导人，如果搞懂了博文，可以给自己带来很多便利：第一，能识别下属的工作是否在弄虚作假；第二，不会去要求、逼着下属作假。“粉丝”不是万能的，它是一个非常系统、非常综合的事情。领导者要给同事多提一些合理要求，合理配置资源。

快书包为什么要到当当开店？到亚马逊开店？为什么不到天猫开店？因为，顾客在哪里我去哪里；顾客在哪里说话，我就在哪里跟他说话；顾客喜欢用什么方式，我就用什么方式。这也是快书包在2010年开始用微博接订单的原因。

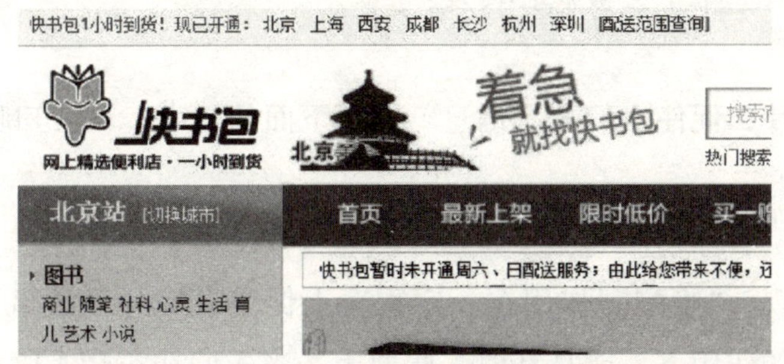

微博音效跟过去的传播工具不一样！过去的传播工具，在投入上是相当高的，大资本会决定话语权，小草根的机会则少得可怜。可是在微博天地里，玩得最好的往往就是一批草根号。一些草根，在很早的时候就积攒了几百万“粉丝”。当时，很多明星的“粉丝”还没有草根的多。

当顾客有需求的时候，一定要用顾客最喜欢和最简单的方法，不要让他做思维的跳转和工具的跳转，要“以顾客为中心”想问题。企业不仅要运用好官微，还要运用好企业领导者的个人微博，尤其在处理危机公关的时候，会发挥出更大的作用。

如何制造一条“被疯狂转发的微博”

为何“我们爱讲冷笑话”能够长期稳坐微博“草根榜”榜首？

为什么一条“豆腐脑是甜是咸”的微博会被疯狂转发？

豆腐脑甜咸之争 推荐给好友

网友@桥东里、@王轶庶说："在豆付脑咸甜事上，最见南北差异……彼此见对方都想吐。"这句话在短短几分钟之内就得到了完美的验证。你觉得豆腐脑应该是咸还是甜？我先交代：我完全接受不了咸的豆腐脑。

于此，豆腐脑甜咸话题引发网友热议。

【点击投票】豆腐脑，你爱吃甜的还是咸的？

跟大家一起聊聊 还可以输入132字

为什么某些信息的分享度要比其他的高？

为什么有些帖子会被疯狂转发？

……

到底是什么促使人们分享信息？读了下面的文字，自会知晓答案。

一、让情绪传播出去

研究发现，"唤醒"作用在一定程度上促使人们分享故事和信息。不管是在情绪的作用下，或是其他一些原因，当人们在心理上唤醒时，就会激活自己的自律神经，引发出一系列的社会性传播行为。也就是说，特定情绪的唤醒可以决定一条信息能否被传播。

二、让焦虑和高兴的情绪传播出去

研究发现，恐慌、愤怒或者是被逗乐能够促使人们分享新闻和信息。情绪可以分为高唤醒性和低唤醒性两种。一旦出现令人恼火的事情，你就会受到激发，更容易与家庭和朋友分享。

三、让信息传播出去

社会传播是如何让网络信息变得具有"病毒式"传播性呢？当今社会，Facebook、Twitter以及其他社交网站和社会传媒太热了，对于公司来说，要想有效地利用这些技术，就要明白：人们为什么要谈论和分享某些事情，而忽略另一些。

在一定程度上，一个人的行为会受到周围人所作所言的影响。无论你是想扩大知名度，还是想宣传健康饮食，这些结果都为你提供了有效的信息和传播方式。

一条微博如何快速覆盖上亿用户

一条微博发出后，就等于把一句话扔到了一个浩瀚无边的数字世界。从理论上来说，任何一条微博都存在 n 层级转发的可能，乃至于可以覆盖到上亿微博用户；同时，也存在这样一个可能——没有任何人关心。那么，一条微博如何快速做到覆盖用户呢？影响微博被转发的因素到底有哪些？

影响一条微博转发数的因子主要有：博主本身的“粉丝”数、转发者的“粉丝”数、话题的吸引力、微博的发布时间、微博的表现技巧等。在这五个因子里，前两个属于同一个性质：传播节点的大小。

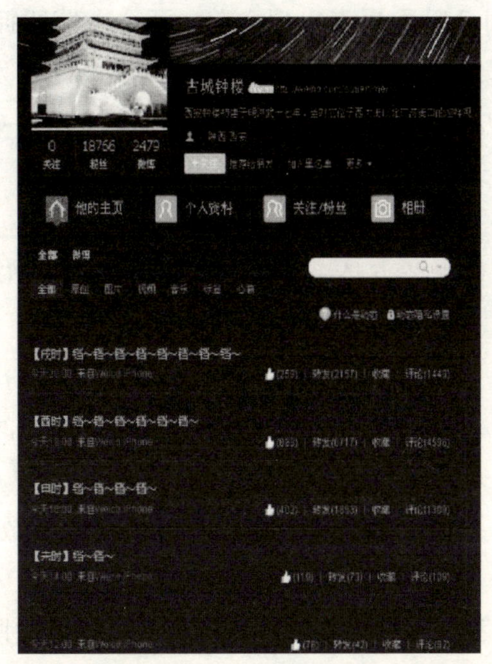

不同的是，第一个是博主自身慢慢运作出来的，属于主动性结果；而第二个则是很难控制的。在没有有偿发布的情况下，你不知道哪个转发者会转发你的微博。后三个又与第一个相同：博主主动性结果，无论是内容还是时间，都是可控的。其实，第一点最重要，第二个因子次之，"古城钟楼"这个微博号的突然爆红就说明了这一点。

"古城钟楼"的微博，每两个小时会报一次时，报时使用的语言符号是：铛。这是一个看上去相当无聊的微博，除了这个"铛"以外不会发布任何微博内容，而且保证时间点的准确性。2011 年 1 月 7 日上午，这个微博大概有 2 万多"粉丝"，但很快就迅速攀升到 10 万多；到了 1 月 9 日，这个无聊的微博已经有 40 万"粉丝"了。

除此之外，在微博上还有一个名为"big_ben_clock"的微博。这是一个近乎完美的比较案例。资料显示，"古城钟楼"的第一声"铛"是 2011 年 10 月 26 日出现的，而"big_ben_clock"第一声"BONG"则是在 2010 年 7 月 30 日出现的。后者，显然无聊得更早。

到 2011 年 1 月 7 日引爆点出现之前，两个微博所拥有的"粉丝"其实都差不多——2 万多。可是后来一个同样无聊的用户发了一条微博，他说："发现了一个史上最无聊又最有毅力的微博！——@'古城钟楼'。"结果，这条微博当天就获得了 13 万次的转发。

这位用户并不是大号，连 V 字都不是，怎么会产生如此大的影响力呢？一个最关键的传播节点是——蔡康永，他可是有 2000 万"粉丝"的博主。

蔡康永成为第一个引爆节点后，又吸引了众多"粉丝"，大家一起通过微博进行转发。在短短的一天时间里，"古城钟楼"的"粉丝"数就实现了突然暴涨。后来，随着新浪运营方的介入，成为热点话题后，"古城钟楼"的"粉丝"数又一次实现了暴涨。当"粉丝"数一路上扬到 40 万的时候，也带动了 big_ben_clock 的"粉丝"数的上涨。

这个案例告诉我们：在同等内容的情况下，一个微博账号的受欢迎程度取决于是否有大号参与。在大多数微博营销案例中，购买大号转发，是

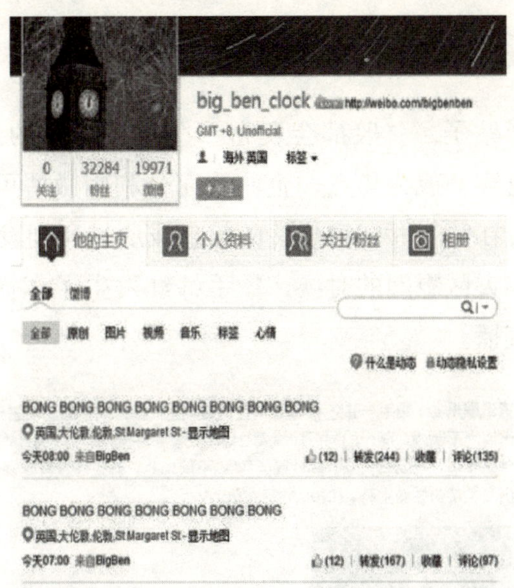

一条常规之道；靠内容创意取胜，属于偶发事件——因为好的创意内容实在是太难得了。

表面上来看，一个无聊的微博草根是不能到再草根的，但如果没有拥有话语权的社会名人（蔡康永）的帮忙，最多只能做到 big_ben_clock 的程度。在微博这个环境里，名人照样是名人，屌丝依然是屌丝——名人的力量不可小觑。

现实社会中，金字塔式的话语结构在虚拟世界中是不可能被颠覆的。2010 年 7 月，韩寒在微博上“喂”了一下，就招来 1 万多条评论和 5000 多条转发，你“喂”一个试试？

这样的微博帖子最吸引人

微博的帖子种类很多，可是真正吸引人的帖子却并不多。那么，什么样的帖子最吸引人呢？

一、新鲜、稀罕的微博帖子

新鲜型的微博帖子，一般都会发布一些比较稀罕的内容。一般来说，最新发布的东西更容易成为焦点，企业要充分利用微博可以随时随地发布最新信息的特点，在第一时间将相关的信息或所见所闻发布出来。

例如，到地震灾区慰问的时候，歌手韩红发生了车祸，她就用微博进行了第一时间的直播。

腾讯娱乐：歌手@韩红 被曝在前往地震灾区舟曲慰问的路上发生车祸，具体伤情尚不明确。随行的同行知情人告诉了记者事件全程，并表示韩红现在"出现身体不适，开始有头晕，腿软等问题"。不仅如此，韩红并没有非调头回兰州养伤而是带伤重新上路。http://url.cn/0cJvvv

2010年11月28日 12:21　转播 | 评论 | 更多

当然，有很多企业也将微博作为部分信息首发的渠道。

事实证明，比较稀罕的内容容易得到人们的关注。俗语说得好："物以稀为贵"，别人在你这里可以看到别处不易看到的内容，自然就愿意关注你。

二、趣味、有意思的微博帖子

多数情况下，人们使用微博就是为了消费一种"快餐文化"，就是为了找到轻松和开心的感觉，这时候，如果能投其所好，自然会获得对方的青睐。事实证明，在新浪微博草根"粉丝"榜上长期占据前面位置的大多都是这类账号。

当然，这并不意味着，你在微博中发布许多笑话或段子就可以了。而是说，应该将自己的主要精力放在能否将与企业所在领域及业务相关的信息写得更有趣。除个别特殊话题外，通常不要把微博里的信息搞得很严肃，应该尽可能地表现得轻松、幽默、好玩一些。

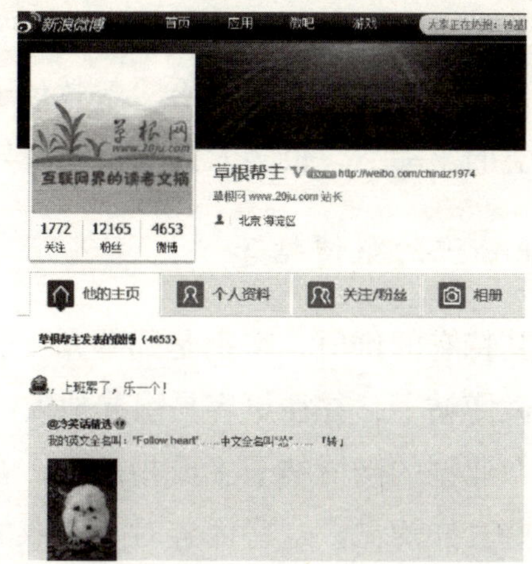

三、可以带来利益的微博帖子

不可否认，那些能给用户带来利益的微博帖子更容易获得较高的关注度与参与度。因此，许多企业举办抽奖活动的时候会有很多人参与。例如：蔡文胜为宝马汽车所做的活动。

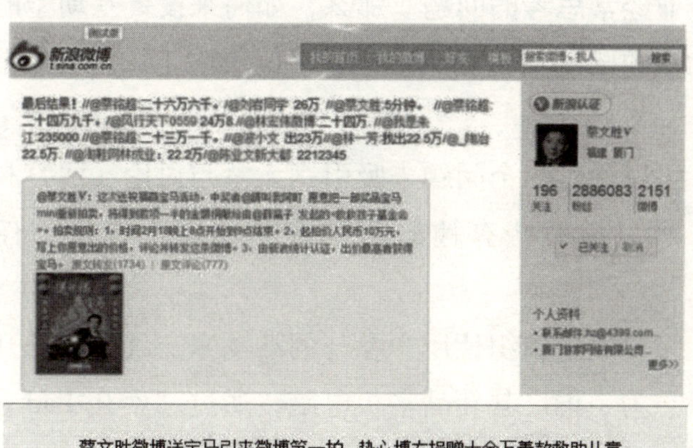

2011年2月19日下午，“站长之王”蔡文胜的一次微博互动，引发了一场备受关注的“微博第一拍”，见证了微公益的力量。

2011年春节期间，蔡文胜在新浪微博上发起了“送祝福，赢宝马”活动，很多人都积极参与。最终，一位名叫“請叫我阿町”的微博网友赢得了一辆“宝马MINI汽车”。

2月18日下午，获奖者“請叫我阿町”发布微博声称，委托蔡文胜在微博上拍卖宝马汽车，将一半所得款捐献给“救救孩子基金会”。

由此可见，在利益的驱动下，很多人都会积极参与。

四、给人以专业知识的微博帖子

专业型的内容有其特有的价值，特别是那些角度特别、观点独特、思考深入或总结全面的微博帖子，往往更容易引起他人的注意。

对于企业来说，专业型的微博帖子主要指的是：企业所在领域的专业知识、最新动态和一些真知灼见。这些内容对于企业的外界展示自己的专业水平是非常有帮助的。其实，任何一个专业领域都会有一定数量的网民关注，关键是看内容的价值。

五、能够和“粉丝”互动的微博帖子

微博作为一种互联网应用，有着很强的互动特点，如何充分利用这个特点是许多企业经常思考的问题。那么，如何来设置互动型的帖子呢？

设计互动型的微博帖子的方法有多种，如提问式、调查式和活动式。其中：

提问式。可以通过一个问题来吸引别人参与讨论、回答和争论。

调查式。可以提一些有趣的问题选项让用户选择，有时可以配合投票。

活动式。主要通过组织让用户参与的活动来实现更多的互动。

例如，联想为了推广其新品平板电脑，通过“@乐Pad乐自由我”账号发布了趣味型的微博。

六、富有神秘感的微博帖子

神秘的信息会让许多人感到好奇，因此，在微博中可以故弄玄虚、卖些关子，发布一些神秘感比较强的微博帖子，就能突然引来许多好奇的网民。

“@神秘震惊事件”的账号，上线仅两个半月，“粉丝”就达到了50多万。而且，许多帖子还连续进入了微博转发排行榜。

当然，对于企业微博营销来说，要想达到理想的效果，就要多收集素材，最好能与企业的品牌或业务联系起来。

七、让人有感而发的微博帖子

不可否认，在我们身边绝大多数人都是善良的，如果你发布的信息确实让人感动，很多网民就愿意转发。哪些事令人感动呢？既可能是一些公益的事情，也可能是一些感人的人或事。在转发的人中，如果遇到影响力比较大的账号，不仅会感动，可能还会彰显一下社会责任感，这样你的转发量就大了。

八、不拘一格的微博帖子

奇特型的帖子很容易吸引眼球，不管是哪种媒体渠道都有这个特点，微博同样如此。如果你发现了奇特的人或事，完全可以将它迅速地发布到微博上，相信很快就会引来一大批人的注意。

例如，2011 年 7 月底上海地铁里出现了“穿越女”，@上海地铁 shmetro 立即将这条信息发布在了微博上，引来了5万以上的转发量，如下图所示。

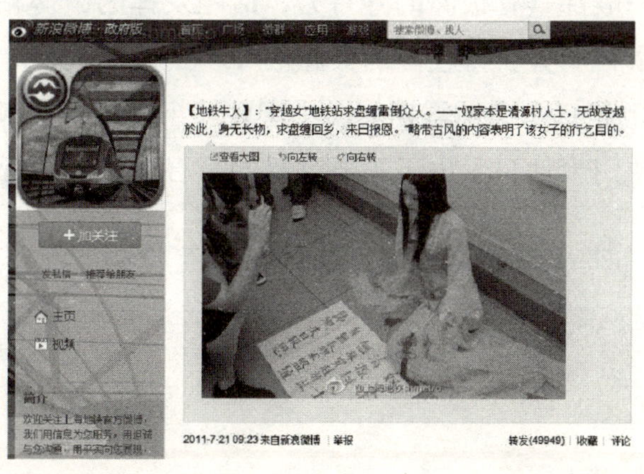

在微博创意上下功夫

这是一个追求创意的时代，微博营销也要在创意上下功夫。那么，企业微博营销的创意从哪里来呢？

一、不断地长期积累

一般情况下，创意都来自长期的观察与积累，如果大量信息在你的脑子里不断地留下印象，然后随着时间的推移，许多信息就可以在某一时刻被你联系在一起，也许那时创意自然而然就出来了。

二、使用脑子多思考

创意是建立在惯于思考与善于思考的基础之上的，不一定整天都要冥思苦想，但起码要经常处于思想活跃的状态。只有不断地思考，才会有奇思妙想，才会迸发出灵感的火花。

三、善于捕捉热点事件

其实，每天都有新闻，每段时间都有热点事件，就看你是否有敏感性，是否能抓住某个热点，将其与自己的企业结合起来。

热点事件一般都具有很高的号召力，借题发挥的微博帖子就可以借助热点事件的力量，顺势获得较多的关注。

例如，2011 年日本大地震期间，中国曾经出现了抢盐潮，这时候就有企业借助了此热门事件，发出了不要哄抢的号召，如下图所示。

汤淼：盐，谣言！莫信，莫慌，莫抢！

今天 18:43 来自网页　　转播 | 点评 | 更多

打造微博的爆点，加大传播力度

微博营销如何做爆点事件？这可是一项巨大的工程，因为成功策划一个微博爆点事件是对策划者阅历、人文、水平、语言等各个方面的严峻考验。那么，什么样的事件才能成为微博的爆点呢？微博爆点事件要具备哪些条件呢？

一、事件要具有一定的传播性

要想成为微博的宝典，所选的时间必须要具有一定的传播性。不管是煽情的，还是搞笑的，都要让看的人有主动转发的欲望。为了实现这一点，企业可以借助生活中自发的创意，引起大家的共鸣；也可以借助影视、明星等的力量，自发创造。

二、尽量不要使用硬广告

现在，网络中充斥着大量的广告，绝大多数的网友都很排斥。企业要想宣传产品，只能充当其载体，或者隐藏在其中，千万不要抢戏、出风头。比如，51 账单之前的“病毒式”营销做的就相当不错。

内容来源于一个感人的故事：丈夫出差在外帮老婆设置手机桌面。不明就里的人根本就不会注意到这是一则广告，并没有得到大家的反感，反而转发量暴增。此外，为了使广告看起来不那么像广告，还故意把淘宝放在了 51 账单的旁边。

三、能够发动起人民群众的力量

网友只有在营销基础上进行引申再创造，具备持续营销的能力，才能成功地将一个事件炒爆，比如：暴走漫画、凡客体、杜甫系列等，都能给网友留下自由发挥的空间，因此才能加大传播的力度。

四、有助于微博转发量、传播量的迅速提升

微博事件的内容一定要打动某些营销内容领域的大号，能够刺激他们主动或便宜付费转播，这样才能提高微博的转发量、传播量。

打动“粉丝”，引起共鸣

如何来打动“粉丝”？郭美美的一条微博大概存活了3天时间，却被转发了25万次！

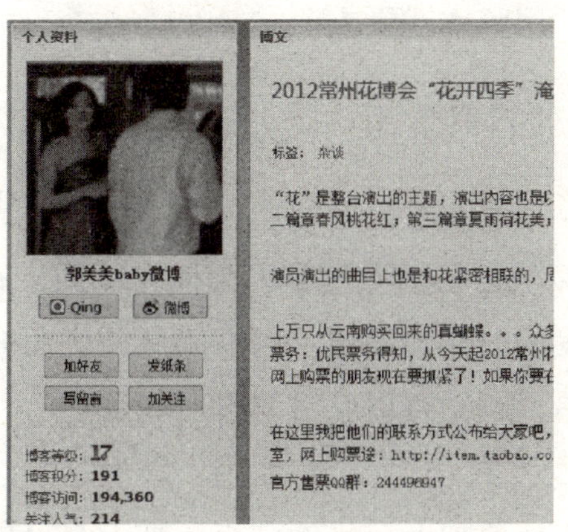

微博炒作是需要技巧的，特别是要结合热点。郭美美是不可复制的，我们也没那么大的勇气。其实，每天都有热点出现，只要我们拥有善于发现的眼睛。

微博传播想要达到好的效果，引爆大的话题，就要出现思想共振。任何人转发微博都不会是随意的，一定要有某个点能打动他，引发其情感上的共鸣，引爆话题。

做微博营销，首先要考虑内容应该怎么跟热点相匹配；其次是关系要怎么建立，以及怎么建立自己的微博圈子——大部分话题基本就在圈子内转发了，基本上突破不了圈子；最后就是微博传播的一些路径和规律。好多微博的传播能被转发几万条，到底是怎么转的，又是通过谁来引爆的，都可以通过一些路径图去展示。

一、确立微博的价值观

无论做什么都要有价值观，微博也一定要有价值观。现在无底线的炒作越来越多，有些经纪公司甚至专门给所谓的草根红人做经纪。众人所熟知的甘露露、郭美美、周蕊等，都是他们一手包装出来的。这些人的微博其实都是一些炒作号，走的都是暴露、性感路线。

其实，为了出名搞些炒作也无可厚非，但是要想树立自己的品牌，一定要确立正确的价值观。一定要杜绝三个不太好的价值观：用低俗引诱人、用矫情忽悠人、用脑残戏弄人。

二、做好微博的内容管理

关于内容管理，需要注意以下几点：

（1）别人之所以关注你，主要是因为你有原创，有营养，有趣味，有故事，有话题。转发的时候，一定要用高质量的优质转发；转发热帖的时候，一定要规避政治话题，可以经过编辑后转发。

（2）热帖之所以“热”，肯定有原因。转发这个热帖，可以提高你的曝光率。转发的时候，要加上自己的观点，加上自己的评论。这样，人们就会重新认识你，从而关注你。

（3）如果在你的身边，出现了公益事业，可以去转发，但转发要有节制；转发太多，会形成刷屏。一条微博存活的时间比较短，要想不停地出现在别人的时间轴上，就要不停地刷屏。但是刷屏应该要有节制。

（4）要想确立自己的品牌，就要保持自己的专业性，就要有自己的格调。开始的时候可以与熟人互动一下，让他人觉得你的微博还是有人气

的，还是有一帮“粉丝”的。

（5）与名人互动是可遇不可求的。要选择一个时间节点，看到名人一上线就立即评论。第一条评论名人很可能会做出回复，但几百条、上万条之后，名人回复的可能性就比较小了。

（6）与专家互动也很重要。一个人的价值，主要体现在他在一个团队或圈子里面的价值。如果你在微博营销圈子里面有话语权，别人转发都有评论，就能体现出你的价值。所以，与专家互动是一个很好的办法。

如何打造微博的爆点

很多企业可能微博的头像、名称、背景还有内容都做得特别棒，但只有一个环节没做好，就是节点。怎么把它引爆？好的内容要安到一个好的传播阶段去传播，才能有好的效果。

杜蕾斯的微博有很多人都没关注，但是大家为什么都知道杜蕾斯的微博做得非常好呢？因为它有两三次成功的案例，这两三次案例就胜过发一千条微博。所以有事件性的、有爆点的微博，一定要通过好的传播渠道传播出去才会有效果，否则发一千条内容都会被淹没在信息的海洋里。好的传播节点在哪里呢？

一、积极寻找微博红人

现在比较常用的是微博红人的渠道，这个是最有效，成本也是最低的渠道。很多企业没有想明白，觉得找这些红人发一下效果又能怎么样？事实证明，效果确实是非常好。

二、和名人明星牵手

如果能够搭上明星、名人的边是最好的，可是不通过付费和代言，要怎么搭呢？方法有好几个，比如：很多微博名人每天都在发内容，每天都在更新，要想跟他们搭上边，一定要从每个名人的爱好入手，这个可以去研究每个名人的微博。

三、从身边的朋友、伙伴寻找

朋友、伙伴这个渠道，是最常见、最常用的渠道，也是比较常规的渠道。

将微博营销和重要事件联系起来

把前面那些内容都做好了，最后再来做事件营销才会有效果，天时、地利、人和，一定要做好这几件事情，效果才会非常棒。

一、紧跟大事件

事件营销的第一种方式就是大事件。在微博里面出现大事件的时候，才会有“天时”，否则即使内容做得再好、传播的力度再大也是没有效果的。“地利”就是创作的素材，“人和”就是媒体是不是能够关注，“粉丝”是不是也喜欢你发的这些内容和题材。

2011 年 6 月 23 日，北京下了大雨，杜蕾斯特别聪明，拿了它的安全套做演示，这个被誉为微博传播的一个经典的案例，也是即兴发挥。如果这种事情再发生一次，我们能不能抓住这个机会，把自己企业的品牌植入进去？答案是肯定的。

杜蕾斯事件有三个要点：第一个是北京大暴雨，大家都在微博上聊，这就是天时；第二个就是地利，暴雨、泛水、安全套，就是你可以操控的一些因素，需要准备的这些素材都有了；第三个就是人和，大家都在关心、好奇、观望，做好了媒体就会过来报道。

历史总是惊人的相似，2011 年 10 月 13 日，广州也下了大雨，场景跟北京差不多，而且是距离好几个月之后。有个人在微博上说了一句：“这雨绝对‘千年等一回’，素素你这是要水漫金山吗?”这条博文被转发了五千多次，如果包括其他的一些评论的微博，加起来应该转了有好几万次。

所以同样的一件事情，同样的一个天时、地利，我们应该考虑怎样利用。

微博营销难不难呢？答案是不难，很简单，我也能做，大家都能做。结合各种案例，做好微博的形象，微博的内容，博文传播的要素，再加上一个传播的节点，一个好的内容就能够传播开来，就是这么简单。

二、让客户主动讨论我们的产品

社会化媒体营销就是做服务，如何让客户主动讨论我们的产品呢？接下来看看奇巧是如何做的？

在年轻人开音乐会或是在相亲大会上，奇巧把它的广告变成了一把折叠椅，让年轻人来挑战，于是很多年轻人通过微博视频分享了这件有趣的事情，奇巧巧妙地把它的广告变成了一个话题，让目标客户群主动传播、讨论自己的广告。

很多企业也做微博营销，但是却很失败，例如，很多官方微博会@很多好友，或是写到请转发这条微博，你就有机会抽得大奖等。这些方式都是违背用户心理的，很多用户不是因为想讨论这个话题而转发这些微博。还有很多企业做营销的方法是在博文上讲："我是谁，我的产品怎么样。"但是这样的方法往往收效甚微，很难给目标客户群留下印象。没有做到使用户主动讨论话题，这个广告就是失败的。

三、将营销变成故事

如果将微博营销做成一个故事、一个段子，传播力就会非常好，无论客户群能不能记住我们的产品，都会记住我们的故事。

1. 马云

马云在创建淘宝的时候，面临两个挑战，第一要把人招过来开店，第二让人来买东西。马云只通过10个故事，就Hold住了中国所有卖家。

第一个故事：我是北京大学大三的学生，在学校时间多、精力多，就是钱不多，有一天我发现了淘宝，然后到动物园批发市场买了一些东西，放到淘宝上卖，没想到每个月赚了4000多。我的大学从此过上了逍遥的生活，我变成同学中少有的富翁。

第二个故事：我在北京国贸地区的一家广告公司上班，下班以后时间很闲，就开了一个淘宝店，每个月都有意想不到的收获……马云通过讲 10 个故事，吸引了 10 个社群营销。故事的力量就像一面红旗一样，号召着很多人继往开来。

2. 陌陌

陌陌在做营销的时候，写了这样一个很搞笑的故事：一个男生在机场厕所方便的时候发现没手纸，他掏出手机，用陌陌搜寻附近的人，发现离他 20 米之外就有一个陌陌用户，他发去信息询问可否帮个忙，不一会儿纸就从门缝里默默地塞进来……就是陌陌这个 App 让生活处处充满惊喜！这条微博被转发了 19000 次，1000 多个评论。

在微博时代，一定要学会讲故事。就像北京的出租车司机，如果直接告诉他们要不要装陌陌或是微信，他们可能理都不会理你，但是如果包装成一个故事告诉他，可能效果就会不一样。

例如：北京有个张师傅，自从用了陌陌后，每个月能赚 1 万多。他用陌陌和微信来接客户，讲完这个故事以后，北京所有的出租车司机都换了一部智能手机，安装了陌陌和微信。这就是我们讲的心灵效应，我们需要恰当的故事，来吸引我们的客户。

3. 乡村基

这条微博被转发 61000 多次，10000 多条评论，我们都记住了，有一家企业叫乡村基。

它在微博上只是讲了一个真实的感人的故事。所以，微博时代里，要想想怎么深挖企业的故事。

4. 海底捞

一家人带着小孩去吃饭，小孩妈妈说抱着孩子吃饭很不方便，如果拥有一张床，把孩子放在里边就好了。半个小时后，这位妈妈被海底捞给征服了——服务员抬来一张小孩的床——如果这位妈妈是微博控，那么很快她的朋友、家人、亲人都会知道这件事情，这就是“病毒式”传播，社会

化营销，一定要激发用户自动、自发、自愿去评论、转发。

5. 联邦快递

在微博上要学会对不同的“粉丝”讲不同的故事，效果也是截然不同的。如何在微博上讲故事很重要，分为在什么地方，有什么样的商业目的，讲什么样的故事，讲给谁听，都非常的重要。例如：联邦快递成功地做了一个大广告。

联邦快递把广告做成男人必看的 10 部电影之一，故事情节是一名员工，需要把一个包裹送到上海，在半路上飞机发生了故障，坠落在一个荒岛上。他经历了各种考验，没有吃的，没有喝的，但是这名员工第一没有把包裹扔掉，第二没有拆开包裹看看里面有没有吃的。故事讲完了，人们已经忘记了这是个广告，只记住了联邦快递员工对客户的负责与真诚。

四、给人以惊喜

做微博营销，一定要创造惊喜，我们来看看荷兰航空公司是怎么做的。

荷兰航空公司会在微博上搜索今天有多少人乘坐荷兰航空公司班机，并且阅读这些乘客这一个月的微博记录，了解乘客的性格、习惯等，然后送给乘客一个 Surprise。这个乘客抓住了，就会在微博上告诉自己的朋友、亲人等。这就叫创造惊喜。

还有一个案例：

一个老太太的邻居在微博上说这个老奶奶感冒了，但是还要乘坐荷兰航空的飞机到南京。荷兰航空公司的员工通过各种渠道找到了这位老奶奶，给她送上了感冒药，这就叫做 Surprise，这也是我们社会化营销中的情感营销，新营销要讲情感。

在微博上，人被狗咬不是新闻，狗咬人不是新闻，但是人咬狗，就是一个很有意思的新闻。所以，在做微博策划的时候，一定要把创意和话题进行拉伸，如果你没有进行艺术创作，你的博文和故事就不能起到想要的作用，更不能广泛地传播。

怎样用微博做客服

一、用微博做订单查询

订单查询，特别着急的查询会@，会用评论的方法，有时候会有一些牢骚性的查询，这时候及时搜到没有@到你的微博很重要。所以，我们不仅要看私信、看评论、看@，还要去搜。一般问题询问尽量做到有问必答，有些不好回答的，也不要往外转。可以要求全员微博办公，所有部门的负责人必须有微博号，可以不发微博，但必须看微博，经常上来。

二、微博处理投诉和不满

对待客户的投诉，首先要有一个好的态度。只有最真实、最坦诚，才最容易获得别人的理解。资料显示，点击数和“粉丝”数经常不成正比。一个拥有几千“粉丝”的人，可能带来很多点击，但也可能只带来10个或者20个点击，一个“粉丝”只有一百多的人，也能带来20个点击，因为那一百多人就是他的同学、朋友、同事，信任度高，点击数就高。也就是说，只要一个“粉丝”说一句批评的话，所能形成的传播力也是很强的。所以，要秉承“私信投诉、私信处理不进行公开扩散”的原则。

过去，热线电话、投诉电话或者邮件，所有的投诉方式都是私密的。微博投诉最危险，完全呈现给几亿人。所以要特别认真仔细地来处理微博投诉，一定要一次性解决问题，不要产生新的不满。官微私信必须无条件开放，让别人有效地顺畅地跟你沟通。

要想做好微博服务，就要发自内心地友善，要认真琢磨顾客心里的真正想法，一定不要去埋怨顾客、抱怨顾客，要以超出一般标准的服务来要求自己，注重细节。要一次性解决顾客的问题，必须在五分钟之内作出反应，最有效地阻止负面消息扩散。

用微博回复复杂的售后服务问题

在进行微博营销的时候，不可避免地会遇到一些售后服务的问题。如何来用微博做好售后服务呢?

一、向客户表明自己的态度

如果微博操作员在微博中碰到比较复杂与棘手的问题，并感觉暂时无法回答时，为了稳住局面，可以先表明诚恳的态度，并说明会将问题转交给企业相关部门认真处理，甚至可将一些公开的联系方式先告诉用户……以此来为解决问题挽回声誉争取时间。

二、归类并转交问题

对于复杂的问题，需要整理并转交给相关部门获得答案，然后回复用户。

微博客服归类并转交步骤

步骤	说　明
收集用户问题	收集用户的各类问题，明确用户的问题所在
用户问题分类	将整理好的各类信息进行分类，可以利用 Excel 填写在一份统计表里
将问题转交给相关部门	将分类的用户问题分别发送给企业各主管，如服务部、广告部、开发部、物流部与销售部等，并抄送给网站的高层
综合解决	各部门对相应的问题进行调查分析，商讨问题的答案，然后将问题反馈给微博操作员。如果有必要，微博运营团队可以定期向相关部门追问过去所转交问题的答案

三、回复及回访客户

对于复杂问题，在向企业相关部门获得答案后，要及时回复客户，并在一段时间后进行回访。

1. 回复客户的复杂问题

对较复杂且之前暂时不能答复的问题，在向企业相关部门获得答案后，要及时回复客户，如果问题的复杂程度比较高，不容易解释清楚，可以给客户留下相关部门的电话等联系方式，由相关部门给予答复；对于复杂程度较高的问题留下相关部门的联系方式。

2. 回访客户

在一段时间后，微博管理员可以对客户进行回访，除表示对客户的感谢外，还要征询他们相关问题解决的结果如何，是否有不满之处，还可以鼓励他们对网站提出相关建议，完善企业的客户服务工作。

通过回访，企业与消费者之间会加强联系，一方面可以提高顾客对网站的满意度，另一方面有利于企业及时了解消费者接受售后服务后的效果，便于及时改善工作，最终获得更好的宣传效果和更高的客户忠诚度。

危机来了

无论危机是在微博内出现的，还是在微博外发作，公司都能够运用微博来施行公关。疾速、有用的微博公关，不仅能够有效将危机降到最低程度，还能将危机转化为重塑公司形象的一次机缘。

随着微博的出现，公司的推广立异带来了很多的时机，同时也检测了公司的疾速反应能力。微博不同于电视台和报纸，是由一群能够自说自话的普通人掌控的，每个人在微博上都有讲话的权力，也有转发的权力；更重要的是，即使是一个普通人的微博在一些特殊状况下也能够被传达开来。

微博上，从来都是“好事不出门，坏事传千里”！一条负面音讯不论其真假，说不定在哪一天就会传遍全球，这是微博年代给公司公关带来的新检测。

公司运用微博进行危机公关，就要遵从传统公关的准则，例如：不隐秘、不诈骗。尤其重要的是，在这个微博年代，每个公民都是记者，都能够自由地发布信息，一旦出现隐秘和诈骗的信息，会引发更大的不满和更多的质疑，即使公司想做出澄清和阐明，也会让人心存芥蒂，结果只能让公司公关雪上加霜。

不同于传统媒体，微博的出现让企业具有了对等的话语权，能够随时随地发布任何信息。所以，在微博年代，公司的危机公关也呈现出了一些新特色。

一、及时性——在第一时间作出反应

微博不是一种点对点的媒体，而是点对面的媒体，只要用户依然在看、在关注，公司就应该发布一些令用户满意的信息，特别是在危机爆发的时候。

2012 年，央视“3·15”晚会曝光了麦当劳、家乐福、中国电信和招商银行等公司存在损害消费者权益的举动。当天晚上，这四家公司都在 21：50至次日凌晨00：27 经过微博发布了这样的信息——将查询难题，并坚决处置公司内部的违规举动，保护消费者的利益。

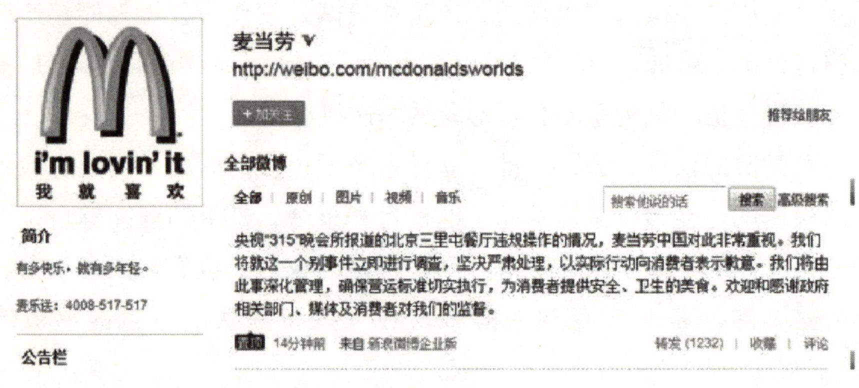

不可否认，这种急速的反应是微博年代公司进行危机公关的必要能力。及时在微博上发布信息，不仅可以给用户和消费者一个告知，也能够让传统媒体了解到真相。

许多记者会在微博上寻觅新闻、采访当事公司，其实官方微博发布的信息就是最棒的采访回答，不用接受一个个记者的采访，一条微博就能够将公司的意愿清楚地阐明出来。

而且，运用微博进行说明，可以大大降低被误读的可能性。一般来说，传统媒体都有一个采访和修改的过程，说过的话能够进行改编、复述，声响也能够进行编排、凑集，画面还能够切换再组成……可是，要想

修改微博，需要企业自己动手，每一个字都由自己掌控，既不用担心意思被误解，也不必忧虑被媒体误读。

二、常态性——归入正常作业

微博年代的到来，使得企业的传达才能大大增强。有人说，如果你的微博具有 1 亿“粉丝”，那么你的传达力就和中央电视台相同大，这句话是有一定道理的。

随着传达力的逐渐加强，对于公司来说，危机来源也随之增加。在过去，企业只要盯住全国 1000 多家媒体就能够操控危机来源，可是今天每一个微博用户都有可能成为公司危机的来源。消除危机来源的最好方法是，将处置危机归入平常作业，与客户服务相结合。

例如：如果用户在微博上对公司进行诉苦，企业就要派相应的客服人员与其进行交流，为其解决难题；否则，这个诉苦一旦扩展开来，就会产生非常大的负面影响力。

微博推广如何获取定向流量

作为一种比较时髦的推广方法，微博营销带来的流量是非常可观的。可是，现在的推广方式已经不再局限于获取大量流量，而是偏向于定向流量的获取和网站转化率的大幅提高。

在网站推广中，获取定向流量是十分重要的，尤其是对于销售型的网站。定向流量不仅能够获取更大的转化率，还有利于产品的销售。

定向流量的价值，对于看重成交量的网站具有特别的意义。那么，如何来免费获取定向流量呢？可以使用以下几个方法：

一、不断优化搜索引擎

现在，大部分网站都是通过搜索引擎来获取流量的。不管是定向的，还是不定向的，都想让自己的网站出现在搜索引擎的最前面。比如：SEO

优化就是通过搜索引擎获取流量的。如何通过搜索引擎获取定向流量呢？从关键词入手！

网站排名依赖的是关键词的排名，通过搜索引擎优化时，要把关键词的匹配度更加精准化，最好站在用户搜索习惯的角度来对关键词进行分析。而且，搜索引擎优化获取定向流量是免费的，只要能够坚持执行下去，效果通常是不错的。

二、积极推广问答平台

有些网站注重转化率成交量，他们主要是通过问答平台来获取潜在用户的。事实证明，通过问答平台获取的流量质量非常高。比较知名的问答平台主要有：百度知道、天涯问答、新浪爱问、搜搜问问等，这几个拥有问答平台的80%的用户。

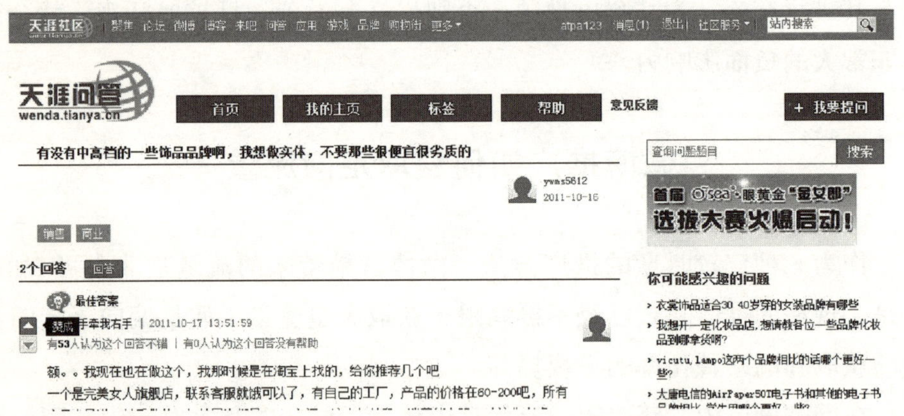

要想获取精准的定向流量，就不能错过这些问答平台。不仅可以通过提问或者回答问题的方式来实现互动，还可以在参考资料上留下自己的网站链接，引导用户访问企业的网站，获取质量比较高的流量。事实证明，解决的问题越多，推广效果越大，获取的定向流量就越可观。

三、大力推广即时聊天工具

现在最火爆的即时聊天工具主要有QQ、MSN、旺旺、YY。虽然这些聊天工具火暴的时代已经过去，但是许多人依然喜欢通过即时聊天工具来获取流量。

接下来说一下利用 QQ 获取定向流量。

现在，几乎每个上网的用户都有一个 QQ 号。QQ 的附属产品很多，如 QQ 空间，只要把 QQ 空间的人气搞上去了，就可以高效地通过 QQ 空间来获取定向流量。企业只要在 QQ 空间发布与网站有关的日志，有这方面需求的用户就会通过 QQ 空间进而访问你的网站。

当然，在推广即时聊天工具的时候，最重要的一点就是要对 QQ 空间的各个方面进行完善，使 QQ 空间与网站结合起来，逐渐获取流量。因此，从这个意义上来说，通过即时聊天工具也能够获取定向流量。

四、巧妙推广微博

资料显示，现在腾讯微博的用户量已经超过了一个亿。而且，每天的信息量都在几十万条，保持了有增无减的上升趋势。微博获取流量的方法主要有：

首先，要有一定的“粉丝”量。“粉丝”是网站的潜在用户，微博只有拥有“粉丝”，才能使自己的信息有观众。

其次，信息内容最好是与网站有关系。用户看了微博信息之后，只有出现了想了解的冲动，才能让你获取精准的流量。

最后，发布方式。一般来说，最好经常更新微博，这样才不会让“粉丝”忘了你。

只要做好以上三步，获取定向流量自然就不是问题了。

五、适时地推广软文

软文是时下最受欢迎的获取流量和外链的方法！一篇优质的软文，不但可以获取更多的质量外链，还可以获取最为精准的定向流量。

在获取定向流量时，可以通过撰写软文，引导用户进入网站。用户通过阅读软文，看看是否符合自己的需求，如果是潜在用户阅读你的软文，自然就会访问你的网站了。

通过软文获取定向流量虽然是免费高效的，但是需要具备一定的写作技巧。只有将文章写到用户的心里去，才能获得更多的高效的定向流量。

还有一点，软文的内容应该与网站相关，比如：网站类型是商城的，可以撰写一些关于用户购买产品需要注意的事项，间接地推广自己的网站。

其实，关于获取定向流量的方法有很多种，只要企业平时多动脑筋，很容易就能找到适合自己而且又免费的方法。

SEO 优化应该如何把握

不管做任何事情，要想成功都是需要策略指导的，SEO（搜索引擎）优化亦是如此。SEO 优化的策略有哪些？该如何把握呢？

一、做一个整体规划

做 SEO 优化，首先就要做一个好的整体规划。因为只有有了这样一个整体规划，才会给企业指明前进的方向。在微博营销过程中，哪个阶段做哪些事情，哪些事情需要先做……这些都是需要在整体规划步骤中事先拟定好的。

其次，还要将新站的标题、描述和关键词等确定好。

（1）标题。是一个新网站的形象所在，一个好的标题应该是明确的、鲜明的、易懂的，要从用户体验出发，不能任由自己的性子来。

（2）描述。用文字进行描述的时候，要摒弃那些官话、套话，只要用通俗易懂的语言进行描述即可。当然，如果再加上一些关键词就更好了，但也不要强求。

（3）关键词。关键词的选择是成败的关键，选择关键词的时候要运用好百度统计工具和其他关键词挖掘工具。

二、提高自身素质

任何一个做 SEO 的人都明白，外链很重要。但是，自身网站的完善也是不容忽视的，而且“内圣外王”。只有企业自身的素质提高了，才能说服别人，才能给自己带来利益。

那么，如何才能提高自身的素养呢？

（1）内容方面。填写微博内容的时候最好以原创为主、伪原创为辅，内容要尽可能围绕用户的需求，而且还要进行有规律的更新。

（2）规范 URL。最关键是要让 URL 静态化或者伪静态化。从现在的情形来看，静态和伪静态更受欢迎。

（3）做好 301 和 404。301 能集中网站权重；404 不仅可以提高搜索引擎和用户的体验，还可以利用 robot. txt 去屏蔽死链接。因此，这两方面的工作都要做好；而且，要多在细节上下功夫。

三、做好外部建设

这里所说的外部建设，其实就是推广网站。外链是主流的推广要素，但随着百度算法的调整，外链不能再套旧方法去做了。这时候，可以采取的方法就是写软文。

软文作用不可小瞧！既能获得外链的自然增长，也能打响自己的网站品牌。软文外链对新站的外部建设起着重要的作用。一般来说，新站外链不能增加得太快，而软文外链却能够通过转载来获得，不仅非常自然，而且增加也不会过快，质量也相当高。

四、做好细节美化

如何来超越对手，做到最好呢？

要逐渐完善网站的细节，如关键词的布局、页面的设计、代码和服务器的优化等。

要懂得扬长避短。搜索引擎优化的主要目的不在于排名前后，而在于流量，要想超越对手就要把流量做到最大。

选择恰当的长尾关键词。可以将这些关键词适当地分布在网站内容上面。通过长尾词的流量综合累加，网站流量一定会得到一个质的飞跃，即使排名赶不上对手，也可以实现企业的最终目的。

……

总之，完整的SEO优化策略是做好SEO优化的关键。要想做好这一切，就要在整体规划、内部修身、外部建设以及细节美化上下功夫，缺一不可。只有将每一步都做好了，才能做好SEO优化。

做好线下活动的策划

线下活动策划有很多种，既可以通过微博组织有关的线下同城活动、线下拜会或产品“粉丝”交流会，也可以在微博中直接组织用户参与线下活动。

关于微博的线下同城活动，可以通过“应用”中的“活动”来进行；关于在微博中直接组织的线下活动，要遵循一定的规则，特别是要让用户以参加线下活动为条件来参加线上活动。如果字数较多，可以使用图片。

……

除了上面的这些主要类别的微博帖子外，还可以发布一些类似于征集产品或服务的需求、征集广告语及进行企业员工招聘等方面的微博帖子。

把握时机：微博发布时间有讲究

在时间的选择上，有些时间段微博的使用者会比较多，这段时间就被称为热门时段。

如果企业的微博在热门时段发布，被看到及转发的可能性就相对增大了许多。因此，微博的发布时机是有讲究的。那么，微博使用的热门时段都有哪些呢？

一、工作日的微博使用热门时间段

通常来说，每天的8：00—24：00是多数企业微博操作员工的时间段，任何微博都可以发布，也可以进行转发、评论及回复。但是，仍然有热门时间段与非热门时间段的区别。

通常情况下，周一到周五的工作日主要有四个热点时间段：

（1）早晨上班路上及到单位后一段时间：8：00—10：00。

（2）中午吃过午饭后的一段时间：12：00—14：00。

（3）傍晚下班及晚饭前后一段时间：17：00—19：00。

（4）晚上睡觉前后一段时间：21：00—24：00。

数据显示，网购类企业微博有一定的特殊性：

第一，周四是网购的黄金时间，用户的互动热情尤为高涨；

第二，工作日午间网购信息会得到更多的关注，下午13：00—15：00

用户对网购信息最感兴趣。

当然，这是一般情况，不同企业所在领域的微博热门时间段也是不一样的，且具体时间可能有半个小时左右的误差。需要注意的是，全国不同的地方还有 1 ~2 个小时的时差。

二、节假日的微博使用热门时间段

周六、周日及其他节假日主要有两个热点时间段：

（1）早晨起床前后的一段时间：7：30—9：30。

（2）晚上睡觉前后的一段时间：21：00—24：00。

资料显示，网购类企业微博也有一定的特殊性，周末的午间和晚间高峰期容易被企业忽视。实际上，在周末午间的 12：00—13：00、晚间的 24：00 左右，是用户对网购信息最感兴趣的时间段，可是今天很多企业却很少会关注这部分时间。

需要说明的是，企业微博的使用时间跨越全年 365 天，每天通常使用的时间段为 8：00—24：00，这都与传统的工作时间有区别。

三、企业要有效利用各时段发布自己的微博信息

1. 将原创信息放在热门时间段

在使用企业微博时，最好将主要的原创信息放在上述归纳的热门时间段发布。只有这样，才能让原创信息在发布之后获得尽可能多的关注。一些次要的或用于增添丰富度的微博帖子，可以在其他时间段发布。

微博原创信息发布之前，要仔细核对微博的内容 2 ~3 遍，如果发布之后才发现问题，会给用户带来很多不必要的误解。

目前，绝大多数的微博帖子都是不能修改的，如果出现了一些不准确的信息，即使可以删除，但前面发过的信息可能已经产生了较大的影响力，再删除就很可能会引起“粉丝”们的不解或不满。

2. 控制好每天微博发布的数量

通常，企业微博每天发布的原创信息在 3 ~10 条，既不能太多，也不能

太少。太多了，会让自己的微博内容编辑工作量增大；而且，微博每天的焦点容易分散，主要应该追求质量，而不是数量。也不能太少，如果长时间（如连续3天以上）不发微博，不仅会让“粉丝”们感到失望，还可能会导致“粉丝”的逐渐流失，甚至被人误以为你的企业微博已停止使用。

当然，每个企业都可以根据自身的实际情况和定位灵活调整每天发布微博的数量。相对来说，节假日企业微博信息的发布数量可以比工作日少20%～50%。

3. 掌握好两条微博发布时间的间隔

一般情况下，不论是原创的微博，还是转发评论或回复，如果选择了转发选项，就要控制一下时间间隔。

一般来说，两条微博发布之间的间隔要控制在5分钟～5小时（不包括0：00—8：00）。如果时间间隔超过5个小时，会让人觉得企业微博信息更新的速度太慢；如果时间间隔低于5分钟，则会让“粉丝”太频繁地看到企业微博，对“粉丝”来说或多或少是一种信息过量。当然，如果仅是非转发的回复或评论，则应尽可能地缩短两条评论或回复之间的间隔。

4. 灵活处理突发类信息

对于企业微博来说，可能存在一些突发信息需要通过微博来发布。这时候，应该根据信息的紧急程度区别对待。

对于紧急信息，要随时立即发布。

对于重要但不是很急切的信息，可以在热点时间发布。

对于不重要也不急切的信息，可以根据工作人员的具体情况发布。

对于紧急的信息，在微博发布之前一定要仔细核实，认真检查。如果条件允许，还应该在内容发布之前将内容交由主管领导审核。

专业内容和其他内容的比例需平衡

作为企业微博，既要显示出企业的专业性，也可以适当地发布一些活跃气氛的内容。只要将二者之间的比例平衡好，就能实现理想的效果。那么，如何来正确安排专业内容与其他内容的比例呢？如何才能实现二者的平衡呢？

一、企业微博使用初期的比例控制

在微博使用初期，“粉丝”通常都在300～500，企业最好做好相关内容及其他内容的比例控制。那么，怎样的比例才是合适的呢？一般来说，与营销直接相关的帖子占20%；与行业相关的新闻及评论占20%；参与讨论与转发同行相关帖子占30%；其他感兴趣的话题占30%。

开始的时候，要着重于影响力，微博培养好之后，就可以提高营销的比例了。

二、企业微博使用中后期的比例控制

企业微博在使用后的中后期会逐渐步入正轨，这时候就可以逐步加大前两类内容（与营销直接相关的帖子，和行业相关的新闻评论）的比例；同时，还要注意使自己企业微博的主题明确、特色鲜明，并按策划中的实施步骤严格行事。

当然，具体的比例不是死板的，可以根据实际情况做一些调整。特别是在一些重大事件发生时，其他类的帖子被转发或评论的可能性不高，与重大事件相关的信息会受到一定程度的关注。这时候，企业可以适当地发一些经过证实的有关该事件的信息，或者寻找能与企业挂钩的信息。

如何让微博互“动”起来

如何来实现微博互动的生动性呢？

一、综合利用网络语言互动增色

事实证明，生动的语言不仅可以为互动增色，还能够使互动显得趣味盎然。例如，新蛋部落的一条互动信息就综合运用了生动的文字、网络语言及表情，如下图所示。

新蛋商城：和我姐抓娃娃，抓了半天，把他裤衩抓出来了~

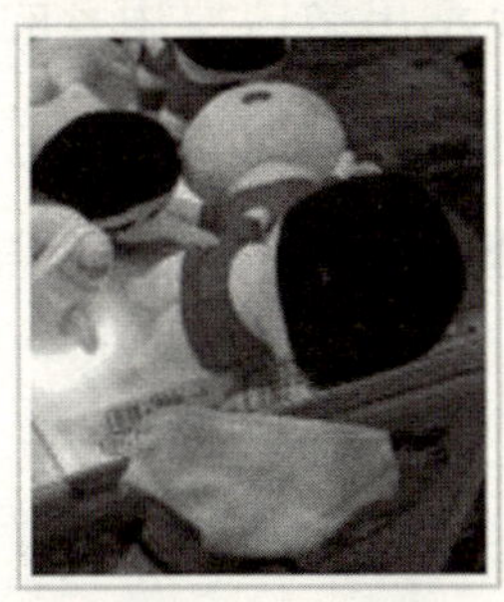

6月13日 18:19 阅读(293) 全部转播和评论(2)

为了让微博的互动内容显得与众不同，呈现出新的亮点，可以充分利用网络语言。网络语言的综合利用包括以下几个方面：生动的文字；生动的表情；生动的网络语言。当然，将它们结合使用效果也不错。

要想让自己的文字生动有趣，平时就要多加训练，逐渐提高水平，以不平庸为基本要求。

二、相同意思要用不同的表达方式

有时，在微博互动时需要多次表达同样的意思，如：谢谢或感动，这时候如果只会用这两个词，就会显然单调、乏味。

其实，有时可以有意地变换不同的词来表达同样的意思。例如，对于“谢谢”或“感动”，可以用以下方法表达：“Thank You”“Thanks”“3KU”“三克油”“万分感谢喽”“谢过啦”“感激之情一言难尽”“感动”“鸡动”“你的话让偶充满了冻梨”“感动得内牛满面”“你的话感天动地啊”“你让偶突然心花怒放”“你的话让我飘起来啦”等。

三、合理使用多种修辞手法，彰显文字魅力

在企业微博的互动过程中，除了常见的网络语言和段子之外，完全可以利用夸张、比喻、排比和对偶等修辞手法，彰显文字的魅力。当然，所

有的这些都是建立在有针对性的思考和应对上的。

在微博互动中使用不同修辞手法的时候，可以加上一些诗句、名言和打油诗等，不仅可以让微博更生动，还可以显示出微博使用者的基本文字功底，何乐而不为？

新蛋商城：#蛋哥夜语#按自己希望的方式生活不叫自私，要求别人按照自己希望的方式生活才叫自私。——鲁斯·伦德尔

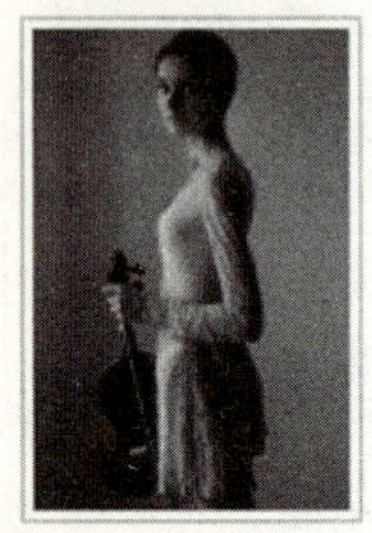

6月13日 23:18 阅读(296)　　转播 | 评论 | 更多

相对来说，普通的企业可能对于夸张、比喻及打油诗用得多些；一些文化特性比较明显的企业可能会多用一些排比、对偶、诗句和名言等。

关注重点账号

对于企业微博来说，有价值的值得关注的微博类型有很多，比如：客户及潜在客户等客户资源，上游供应商、下游代理商或零售商等合作伙伴资源，同时还包括行业媒体及业内专业人士等社会资源，有时竞争对手的账号也是值得关注的。大量事实告诉我们，当企业对这些群体多一些关注的时候，他们才有可能关注你。

一、不可小觑客户的资源账号

客户资源账号主要包括已有客户和潜在客户等。

1. 已有客户

如果能够找到已有客户，给他们实时的关注，不仅能够让他们感受到

你的存在，还能够在以后的互通上不断加强联系，增进感情交流。

如果他们有关于你们企业产品良好体验的分享，就可以作为正面信息转发；如果他们对你的企业或者产品出现抱怨，就要及时与他们沟通，并将他们遇到的问题解决掉。

2. 潜在客户

找到潜在客户并关注他们。当他们发布微博时，你就可以随时了解他们的动态，其中也许包含购买产品或服务的需求。这时候，你可以在第一时间与他们进行交流，并做一些推荐。一般情况下，这类客户需要经过若干次沟通后，才会成为企业的“粉丝”。

二、细心留意合作伙伴的资源账号

合作伙伴资源账号主要包括上游供应商、下游代理商或零售商等。

（1）如果你能够随时了解上游供应商的经营状况、新产品信息及产品的价格波动情况，就可以降低采购成本收集信息。一般情况下，如果你给了他们关注，他们通常是很愿意关注你的。

（2）如果能够找到部分下游代理商或零售商，不仅可以让你随时了解他们的经营状况，还可以让你掌握有关企业所在行业产品或服务的相关信息；他们通常也是愿意关注你的。

三、积极寻找社会资源账号

社会资源账号主要包括行业媒体和业内专业人士的账号等，这些账号可以给企业带来的好处有：为你提供行业发展动态及前沿信息，不仅有利于企业了解所在行业的最新信息，还可以对业内专业人士新的研究成果多一些了解；可以通过发问、讨论等方式从他们那里获得一些宝贵的意见。

四、认真关注竞争对手的账号

关注竞争对手的账号，不仅可以让你获得他们的关注，还能够让你了解竞争对手的发展动态，学习他们的好经验，这才是最主要的。当然，有时还可以及时了解他们的负面信息，从中吸取教训。

如何才能直接找到有价值的账号

怎样才能直接找到有价值的账号呢？以下介绍三种方法。

一、直接搜索，对对方表示关注

一般来说，企业微博是可以直接搜索用户的，因此可以直接搜索有价值的账号。

例如，如果你要搜索“服装”，就可以在屏幕右上角的搜索框中输入“服装”；这时候，会自动出现“请选择搜索范围”。其下有两项内容：“含服装的微博”和“名为服装的人”，选择后者。就会出现搜索结果页面。这时候，可以选择按名称、单位、学校或标签四种不同的方式来搜索。如果要关注某个账号，就可以在右边单击“加关注”按钮。

开始的时候，最好选择那些经过认证（带有标志V）或你觉得比较可靠的企业或个人。

二、在名人堂中搜索，表示关注

在新浪微博的左上角，点击“广场”下的“名人堂”，或直接在地址中输入 http：//weibo. com/pub/，就会出现名人堂的页面。

这时候，选择想找哪个行业的人，比如：“时尚”中的“美容服饰”，然后就会出现这一类人的相关信息。

关注“粉丝”，让企业的评论更精彩

怎样才能让企业的评论更精彩呢？

一、主动评论，主动关注对方

企业如果想获得某个人的关注，一方面可以先关注他，另一方面可以主动在其微博后面进行评论（或同时转发）。

这种主动性不仅可以展现出企业的水平，也可以表示出你愿与他人主动交流的意愿。这样，获得对方关注的可能性就会大大增加。

二、让自己的评论生动有趣

在评论时，应该尽可能地生动活泼，让别人觉得有趣、好玩，让整个微博因为你的评论而热闹起来。这样，不仅有利于对话的持续，也能够使对话的气氛更轻松、活跃。不妨运用排比、夸张、比喻等修辞手法。

三、用专业水平为评论加分

虽然我们不能保证每条评论都不平庸，但我们应该尽量让评论显示出一定的分量。比如：发散性思维、有一定深度的分析、较全面的总结、较独特的视角。

总之，越是专业的评论，越容易引起别人的关注。企业出现的专业评论越多，获得的“粉丝”也就越多。

四、关心他人、关注“粉丝”

很多时候，一句问候、一声祝福，都会让对方感到你对他（或她）的关心。在这种机会出现时，要毫不吝啬地向别人表示这种关心，从而获得

别人的好感与关注。

如何来实现微博与线上各类渠道的配合

一、微博与其他社区的配合

如果有精力，可以将微博与 MSN 社区、开心网之类的 SNS 社交网站结合起来，从而让微博的信息同步到一些社区。

具体方法如下：

首先，在新浪微博的右上方选择“工具”，然后选择“社区绑定”；

其次，在右边选择要绑定的种类，比如：“绑定 MSN”“绑定移动微博”或“绑定开心网”等；

最后，单击“立即绑定”就可以了。

其中，“绑定 MSN”是把你的微博更新展示到 MSN 好友动态里。通过这种方式，可以在 SNS 网站中扩大企业微博信息的影响力。同时，在 SNS 网站中，也可以对从微博转发过去的信息进行评论。另外，一些企业在 SNS 网站还开设有相关的企业账号和公共主页，完全可以在相应的位置上加上微博地址的信息。

二、微博与网络视频的配合

优酷、土豆和酷 6 等多个网络视频网站都支持将其网站上的视频分享到各个微博平台中，当然也可以直接在发布微博时插入对应的网络视频页面地址，如下图。

19,274 1,397 收藏 下载 用手机看 播放:563.9

将网络视频分享到其他渠道本身也是为了扩大网络视频的传播，而且这种方法还是目前互联网上最好的分享方式。

这种分享，一方面不会侵犯原视频网站的版权，另一方面在微博中的播放次数能同时计算到视频网站对应视频的播放次数上。

企业要做的事，就是要发现对企业有利的视频内容，或自己制作、上传一些有利于企业口碑传播的视频，然后将其分享到微博。

三、微博与即时通信的有效配合

微博可以与 MSN、GTALK 或 UC 等 IM（即时通信）工具绑定，绑定成功后，企业在 MSN 里绑定的账号发出的每句话，都会同时发表到企业的微博中。另外，还可以使用许多指令开关，帮你做设定是否接收某类信息。

如何来绑定呢?

只要使用“工具”中的“聊天机器人”功能；然后，按步骤选择相应的 IM 账号并进行有关项目的设置即可。

四、微博与博客的配合

这里提到的微博与博客的配合，不仅可以将博客的文章手动分享到微博，博客发布博文后可以自动分享到微博，可以在微博中插入博文的链接，还可以将微博中的评论同步到新浪博客的博文后面。

需要提醒的是，微博一般比较适合简短的内容，且具有碎片化的特点，所以最好利用博客来发布详细的、系统化的、分类更清晰的内容，以此来弥补各自的不足。

另外，如果有条件，还可以将微博与问答式威客（如百度知道）、维客（如百度百科、互动百科等）、网店产品信息、图片分享网站、点评类网站、分类信息网站、LBS（基于定位的服务）及轻博客等结合起来，充分发挥各自的特色与作用。

如何来实现微博与线下各类渠道的配合

一、微博与报纸杂志的配合

今天，在我们身边依然存在很多报纸与杂志，虽然其市场份额可能会逐渐萎缩，但是至少在若干年内还有相当的传播价值。一些大众化的商品仍然可以借助报纸及杂志来发布广告，虽然它是传统的单向信息传播，但仍然有一定的受众群。

例如：企业在报纸及杂志上发布广告时，可以将微博地址一起附于其上；可以将报纸与杂志上的广告拍下来传到微博中，让微博上的用户进行议论，从而扩大报纸与杂志的广告影响力，得到更多的反馈信息；也可以将报纸杂志电子版文章的地址链接分享到微博中。

二、微博与广播电视的配合

微博与广播电视的基本配合方法与微博和报纸杂志的配合方法类似，比如：根据企业或产品性质选择广播电视广告投入的必要性及比例，在广播电视中附加微博信息，将电视画面拍下来上传到微博中以供讨论等；也可以将广播电视机构所开设的在线网站的对应内容分享到微博中。

值得关注的是，目前，对于广播电台与电视台来说，一些微博平台已经专门为它们开设了相应的微博或频道，它们可以在直播节目时与听众或观众进行沟通。

企业微博可以利用这些广播电视媒体的微博进行有趣的或植入式营销的跟进，但千万不要使用直白式广告，以免让用户生厌。

今天的广播，还有“微电台”的功能，可以在微博里边听边聊。“微电台”可以在“应用”中选择。

三、微博与户外媒体的配合

户外媒体的种类很多，如户外广告板、户外大屏幕数字电视、楼宇内及电梯间的数字电视等，这些媒体都可以被充分地利用。

例如，在使用Twitter过程中，获益非常大的比萨饼店Naked Pizza就在自己的户外广告上大大地突出自己正在使用Twitter，并加上自己比萨饼店的Twitter账号地址。

美国新奥尔良比萨饼店Naked Pizza在Twitter上开通时，将一块广告牌树立在店门前。新树立的广告牌，将Twitter作为该广告牌的主题，一边是形象生动的小鸟元素，一边是偌大的Twitter字样。

客户们通过Twitter向Naked Pizza下订单、询问价格、报告地址，Naked Pizza通过Twitter向客户们播送打折信息、新品种的Pizza，报告Pizza是否已经送出。大家相互熟络以后，时不时会聊上两句，相互关心一下。

现在，Naked Pizza打算在Twitter上吸引住在新奥尔良的关注者，而这些关注者，Naked Pizza再不需要付出，比如直投邮件这样的费用去与他们保持联系。因为，他们都在Twitter上。

在国内，有些企业已经成功地在广告中充分地突出自己的微博账号。

当然，为了扩大影响力，各类户外媒体上的信息也完全可以通过拍照的方式上传到微博。

如何来实现微博与线下商业活动的配合

微博营销如何实现与线下商业活动的配合呢？

一、通过微博组织线下活动

今天，微博组织的线下活动已经变得越来越普及，它可以非常方便地组织相当数量的人来参与企业的商业活动。如果想通过微博发起企业的线下活动，可以利用“应用”中的“活动”功能，点击其左侧的“发起活动”按钮，组织线下活动。

二、线下活动的微博直播

企业在组织线下活动时，或直接在线下召开产品发布会及开展营销活动时，可以由企业微博、企业高管及员工微博直接发布活动现场的信息，最好能加上图片，以达到现场直播的感觉。

在微博进行现场直播时，也可以在现场发动参加活动的客户将现场场景发布到微博，当然可以适当地搞一些奖励活动。同时，在发布微博直播活动时可以加上“活动主题”之类的关键词。另外，在新浪微博的“广场”中也有“微直播”的功能。

三、线下活动的大屏幕直播

微博大屏幕的出现可以与场内场外的用户有多种互动形式，包括：现场用户之间的互动，比如：发送信息互相问候和发起话题等；现场用户与主持人和名人之间的互动，比如：向主持人和名人提出问题；线上用户与现场用户之间的互动，比如：线上用户提问现场情况，由现场用户来解答；主持人与现场用户之间的互动，比如：要求现场用户发送符合要求的短信或彩信（答题等）并抽出来展示。

以往的活动会场，观众与观众之间的互动方式很有限，即使有，机会也很少，而且很多观众碍于面子敢想但不敢行动。大屏幕的出现，让这种行动变得简单有效，大家有了更多的展示自我的机会，促使现场的气氛变得活跃。

今天，新浪微博大屏幕已经对外开通了线上申请通道，主办方可以使用微博账号登录新浪微博大屏幕（http：//screen. weibo. com，或“广场”里的“大屏幕”）页面并点击相应的按钮进行申请。

用统合营销理念塑造企业品牌

比如：长尾理论、社会化媒体营销、口碑与病毒营销、整合营销传播及统合营销理念等，这些都可以在塑造企业品牌时进行充分的理解与贯彻。

必须提到的是，由于统合营销是综合性相对最全的营销理念，更应该充分运用到微博塑造企业品牌的各项工作中。

统合营销（Unified Marketing，UM）或全程营销的重点有三方面，一是营销必须连接实体接触点和数字接触点，二是营销过程由整个品牌形象转移至统合消费者体验，三是营销人必须与消费者进行持续的对话。

首先，微博与线上渠道、线下渠道的配合，就是“连接接触点与数字接触点”的做法，它可以让用户在可能接触到的主要渠道上都能看到企业的信息，这对于大中型企业是相当有必要的。

其次，“营销过程由整个品牌形象转移至统合消费者体验”意味着，企业品牌的塑造要通过提供良好的用户消费者体验来完成。在 AISAS 模型中，对于 Attention（关注）、Interest（兴趣）、Search（搜索）、Action（行动）及 Share（分享）五个阶段，企业微博都可以参与进来。

最后，“必须与消费者进行持续的对话”意味着，上面的各个实体接触点、数字接触点及 AISAS 中五个阶段的对话必须是持续的。通过长期的对话，不仅可以与消费者建立更好的客户关系，让他们长期拥有良好的消费体验，还能实现企业的品牌塑造。

微博营销的时候，哪些事情不能做

今天，随着微博这一新媒介在国内外的迅速普及，其已经成为一种最热门、最时尚的互联网应用。随着微博人气的不断聚焦，许多企业都意识到了微博平台的巨大营销价值。可是，由于对微博特点把握不准确、缺乏经验，微博营销经常会走入一些误区。

一、忽视微博之外的营销工具

微博是一个新事物，很多人一见到微博的巨大威力，就会产生盲目心理，认为微博是万能的。有的微博控甚至为了夸大微博营销的作用，宣讲不用费时费力，就能产生良好的传播效果。其实，这是一种误导！

在当今整合营销传播的时代，任何一个营销活动都是不能通过某个单一工具完成的。在这个复杂多变的营销环境中，洞察品牌的消费者行为显得越来越重要。企业不仅要研究潜在客户可能到达的地方，在各个接触点投放广告；还要尽量地与受众进行互动，形成一个巨大的营销环境，让各个地方都出现企业的营销信息。

微博营销，要与企业的整体营销方案相协调，绝不能孤立地讨论和使用，不能让微博营销发出的声音与其他渠道发出的声音不一致。否则，会让消费者的认知出现混乱，大大影响营销效果。

二、片面追求转发量和评论数

不可否认，转发量和评论数是微博营销效果衡量的重要指标。有些人只要看到某个营销帖子的评论数或转发数非常大，就会觉得这次营销效果不错。可是，要知道，有时评论数、转发数大，效果却也会不尽如人意，营销效果并没有想象的那么好。

有些企业为了追求评论数量和转发数量，经常会在帖子中使用“只要关注自己并转发帖子的博友就可以参加抽奖”的规则，而且会提供足够数量的吸引人的奖品。可是，这样会出现很多问题，比如：会出现很多无效转发和垃圾评论，制造虚假的繁荣。

有些企业通常会将微博营销的业务外包给微博营销中介公司，但是这些外包公司并不会踏踏实实地做营销，只会采用大量的水军账号，影响最终的效果。这些无效账号里的“粉丝”数量相当少，看起来贡献似乎很大，实则会恶化整个微博营销环境。

要看看评论中有价值的评论有多少，转发中高质量账号有多少，如果这两个数据都很低，整个营销的效果也会大打折扣。

三、以为什么产品都能用微博做营销

任何营销工具都有其适用性，这种适用性取决于产品和行业特性。有

些专家说，微博是个实用的营销工具，不论哪类企业、销售什么样的产品，都能发挥出重大的作用。其实，这里有个认识上的误区——世界上没有哪个工具是适合任何企业任何产品的。

那么，企业在进行微博营销时，应该如何做呢？

首先，了解企业及相关产品的特点，对产品定位和主要潜在客户的特点做深入的了解。产品的潜在客户要在微博中有一定数量，否则营销活动就找错了地方，应该找微博以外的工具。

其次，营销信息具有零散化、非系统性的特点，微博不能够传达深度的信息。而且，微博是以人为中心的媒体，许多帖子的前后关系、先后顺序容易被搞混。在微博中，一个帖子的图片、视频等最多只能放一个，信息的表现能力要差一些。

四、以为 140 个字的微博很容易

微博虽然仅仅有 140 个字，但是如果就此认为微博比较容易撰写，那就大错特错了。

第一，微博的撰写一定是在某个特定的需求下进行的，这个需求需要配合企业的营销策略。

第二，微博营销帖子涉及创意，需要花费足够的时间来巧妙构思。要尽量让营销的帖子看起来有趣好玩，用一定的利益吸引用户参与进来。

第三，微博说话的口气是幽默的，还是严肃的；是关心的，还是愤怒的……这些都会影响“粉丝”的阅读体验。

第四，企业要注意微博中的信息量和信息表达的准确性，如果有需要，还要借助图像、音视频来配合帖子中的文字描述。帖子中，修辞用法的运用、标点符号和各类表情的巧妙利用，都要认真考虑。

由此可见，微博看起来比较简单，真正撰写起来并不容易。

五、把微博当成义务和责任

很多企业没有太多的人力去做微博营销，营销团队都是兼职的。这样

做，固然可以为企业节省成本，但是兼职做微博有着很大的缺陷：兼职员工的其他工作比较紧张，微博的质量不会很高；兼职意味着不重要，很多人会应付了事，把发微博当做一种工作外的义务劳动。这种不专业的做法势必会影响企业微博营销的效果。

当发微博成为一种义务劳动的时候，微博就不能再发挥其积极的互动功能了。因为微博发布后，更重要的任务是要不断地通过评论、回复与博友进行互动。仅仅发微博帖子，绝对不是微博营销；只发帖子，是传统的单向传播。

微博的本质在于对话，必须充分利用各种机会与潜在的用户进行交流，因此微博绝对不是一个发帖的任务。

六、在营销中偷工减料

微博运营是一个省时省力的工作吗？当然，微博只有140个字，一句话就能发一个微博，看似很容易，实则很难。

虽然微博内容不像博客等媒体那么长，但是简短的帖子也是需要精心构思设计的。同时，为了及时与客户进行沟通交流，必须花足够的时间。如果企业的营销帖子引起了较多的关注，产生了较多的转发、评论或回复，更要花更多的时间来与客户互动。要想将这种互动做好，就要花时间；不花时间，肯定做不好，微博营销的效果也会大打折扣。

在微博营销中，人手也是很重要。从实际经验看，营销团队成员的微博应该是全天候处于登录状态，用户的每一次转发与回复都应该看看，挑选典型的问题进行回答。

这一切都意味着，微博营销需要足够多的人花足够多的时间。

七、期待微博效果立竿见影

微博营销的效果可以实时监控，很多人就以为，微博很容易用，效果立竿见影。其实，真正体验过微博的人，刚注册新的微博账号并开始使用时会碰到很多问题，比如：发的帖子几乎没有任何反应，看不到别人的帖子。这种情况下，所谓的微博营销根本就无法开展。

正确的做法是，先让企业的微博营销团队试运营一段时间，一方面尽快熟悉微博的使用特点，另一方面增加自己关注的人数、争取更多的“粉丝”。在此期间，还要通过发微博或者参与别人的微博讨论，引起某些知名博友的关注。

企业微博运营的20条军规

企业微博运营的时候，要遵守哪些规则呢?

（1）官方微博风格可以有一定的娱乐性，但在操作的时候要认真严谨对待，避免涉及版权、内容方面的法律风险。

（2）要制定企业在微博上的策略，规划自己的语言风格，塑造一个拟人形象，确定自己的商业目的。

（3）对网民的反馈给予积极回应，适时做出道歉；但不过分道歉，重点在于解决问题。

（4）微博上如果想引用客户的案例、合作伙伴的案例，事前应该寻求他们的授权。

（5）在微博上针对某个话题展开讨论之前，要了解话题的缘由、状况、语气、风向。

（6）不参与攻击竞争对手的活动，在运营中要强调企业的定位、差异化、价值。

（7）懂得在合适的时候离开，不要过分参与话题的轮回，更不要掉入话题的陷阱。

（8）官方微博一般不要发布个人观点，除非可以给企业、品牌带来积极的影响。

（9）在拟人化、透明等原则的指导下，运营过程中坚持品牌的价值观和定位。

（10）尊重微博上和你对话、交流的用户，不管他是支持你，还是反对你。

（11）网民希望和人对话，而不是机器，企业要做人事、讲人话。

（12）微博留言主题要明确，要根据企业线下的经营情况作有意识的传播。

（13）适度克制官方发微博，有些内容不值得分享，质量差的不如不发。

（14）在每一次互动中争取添加价值，不断拓展企业的价值和诉求。

（15）制订内容规划，不要让今天的微博留言和未来的留言相冲突。

（16）精准界定微博需要影响的客户，不必漫无目的地去追逐。

（17）遇到麻烦的时候，要寻求建议、咨询，不要贸然挺进。

（18）知道微博“粉丝”是谁，了解他们的阅读口味和偏好。

（19）不和“粉丝”探讨涉及机构机密或某些私有的信息。

（20）微博上不推脱，勇于承担相关的责任。

企业官方微博内容撰写有技巧

要想撰写好官方微博，也是需要掌握一定的技巧的，比如：

一、学会讲故事

所谓“以情动人，引发共鸣”，就要学会讲故事。我们都喜欢听故事，因为故事有情节，还预示着某种含义，能够引发共鸣。

如果企业产品的文案能够把消费者带入到某种语境中，用某种情感诉求抓住消费者，就能够促进传播或转发互动，这实际上就是一种关系。

虽然“故事化”并不是所有的文案都适合，但编辑带着这样一个策略去撰写文案，也许会有帮助。

二、说话要有人情味

微博变成拟人化的形象之后，就要用带有人情味的口吻说话，跟“粉丝”沟通和拉近距离，同时也把品牌微博人格化的形象植入“粉丝”的脑海中。如碧浪的微博。

“母亲节一到，姐要请出妈妈来，给大家派送一些洗衣的知识。”这种语气肯定不是官方的，即使内容是想引出一个活动或推荐一个促销，但语言方式真的就像一个人在说话。

做文案的目的就是要跟“粉丝”互动。这条文案是以拟人化的形象和角色做的。这样的文案根本就不需要去搜罗信息想创意，很简单、很随意。所以，做微博营销就和做人差不多，说难非常难，说简单也非常简单。

三、文案要有趣一些

在微博上，如果能够吸引公众的眼球，对企业品牌曝光有很大的吸引力。做文案的时候，需要有意识地写得有趣些。

有这样一个文案：

这个文案看着像手表，实际上是一个手表式的备忘纸。这个文案并没有写纸张、价格、产地等信息，而是说有了这个备忘纸之后，重要的事情可以随时在手上晃来晃去。老婆大人吩咐在路上买的牛奶，就不会忘记了……整个文案让人感觉温情、有趣又好玩，后面带上链接，引来30多次转发。

我相信，在微博上会有很多比这个文案更具趣味化的内容。在做文案的时候，往这个策略方向靠拢，会让自己的文案更好，有更多人愿意去传播。

四、给用户一些知识和建议

“粉丝”关注企业的微博，要么是为了获得最直接的利益，要么是能够学习、了解一些东西，扩大眼界。所以，在微博上实用性知识的转发率都比较高，比如：怎样防火、防盗，怎样穿衣，怎样跟上司打交道等。这种知识型文案都比较容易被转发、被传播。在撰写文案的时候，可以借鉴这种做法。

在做内容规划的时候，这种实用性的知识要与官方微博相契合，既能体现出官方微博的专业性，与众不同的内容又能被传播。这也是编辑人员在编撰内容时需要考虑的。

五、学会引用“粉丝”的内容

所谓“引用化”，就是将用户的微博内容拿来激起互动，也就是“口碑营销”。口碑营销最好的方式是用别人的口来营销自己，而不是用自己的口来营销自己。

用户之间更容易被互相影响，用用户或“粉丝”的内容作为企业微博的内容，从而影响其他用户，即让用户来影响用户，这就是我们要做的“口碑营销”。

用户的口碑是非常强大的，他们要真正去替一个企业做口碑宣传时，也是很疯狂的。所以，平常收集一些用户的口碑，将他们的一些话整理成为微博的素材是很有价值的，可以起到“一箭多雕”的效果。

六、直接用数字说明

在微博上做营销一定要温文尔雅，有时候甚至需要含蓄，但是该直接的时候，一定不能含蓄。数字可能很敏感，但有时候它的效果确实不错，特别是在促销打折的时候，可以用简单的数字来告诉大家商品相当优惠。只要把数字往那儿一摆：一件曾经1000元的衣服，现在只卖99元——我们不需要任何语境修饰，就直接简明扼要地把主要元素体现出来了。

当然以上这些只是技巧，技巧配策略才能够把效果做得更好。所以，在做微博营销的时候，要先定位，然后到内容，包括内容的原则、规划、制作技巧等一系列运作，微博营销就在这样一个拟人化的过程中得以体现。

微博营销的“最”关键

在微博上做营销就是要做两件事：第一，要和“粉丝”建立友好的关系；第二，要为企业树立好的口碑。

一、和“粉丝”建立起长久的关系

俗话说得好：“无关系不传播。”“粉丝”关注我们的微博，代表着他们对本企业的认可和熟悉。试想一下，如果我们和“粉丝”间没有关系，“粉丝”自然不会替我们去传播，更不会成为我们的消费者和用户。所以，微博使企业和消费者之间拉近了距离，可以在网络上面对面地接触。

在和消费者近距离接触的时候，企业很容易通过自己的品牌和理念，与消费者建立一种信任关系。当这种信任关系变得越来越强的时候，就会把一个只知道企业品牌或名称的“粉丝”，慢慢变成产品和服务的使用者。之后，“粉丝”还可能成为企业品牌的传播者。由此可见，做微博营销，建立关系非常重要！

二、为企业建立一个好口碑

在微博上，如果发一条赤裸裸的广告或做产品推荐，相信很少会有人看。要想吸引用户，就要做些植入性广告，来不断挖掘用户的分享和口碑。

通常来说，企业都希望引导消费者进行正面、积极的评价，但实际上消费者不会主动把对企业好坏的评价说出来。那么，该怎样去引导消费者？利益诱导。企业要引导消费者创造一个好口碑，通过微博将这种口碑逐渐放大，让更多的人知道。

……

不论是“建关系”，还是“树口碑”，都需要通过微博平台进行一些活动来实现，都需要借助一个活动，把企业品牌进行放大式营销。

微博的活动策划

做活动的时候，有些企业是为了获取“粉丝”。其实，不能为了吸引“粉丝”而做活动。活动一定要有主题、有规划，要有一定的活动原则和平台。

一、掌握活动的原则

微博活动一定要有一个明确的主题，不能为了活动而活动。如果企业设定了送奖品的内容，就要将奖品送出去，这是非常必要的。同时，还要体现“公平公正”和“因势利导”原则。利用企业现有的一些活动，把微博嫁接进去，扩大营销效果……如果将上面的这些事情都做好了，就可以实现其作为催化剂、黏度剂、转化剂的价值。

做活动的时候，有些企业会送一些试用产品，来接受用户的反馈。可是，很多企业却不知道怎么去送，不是打电话，就是发邮件。其实，微博活动相当于送试用产品，既可以推广产品，也可以维护企业品牌，还可以增加“粉丝”。

二、开展平台活动

在做活动的时候，一般要坚持这样几个原则：第一，所有的活动不是为了做活动而活动，要么是契合公司某个主题活动，要么是为了推出某个新品。第二，设置活动奖品的时候，不要送 iPhone、iPad……要送自己企业的产品。企业自己有产品的，可以送产品，哪怕是提供培训服务的，也可以用你的服务来换取精准目标用户。

三、掌握一些小技巧

1. 标题要明确

很多活动发起之后，企业就不管了，等到某一天会突然跳出来一个通知：您的活动已结束，抽奖吧！其实，活动发起之后可以在第一时间邀请“粉丝”来参加，在新浪微博里就有邀请框，可惜很多企业都忽略了这一点。因此，做活动的时候，主题要明确，标题要给力，要通过标题来优化活动效果。

2. 奖品要适用

活动赠送的奖品要有实用性，送内衣和送手机产生的效果是完全不同的！因为有些奖品设置时已经将很多人排斥在门外，不会受到参与者的青睐。所以，要想获得更好的转发和参与效果，就要尽量把奖品设置得适用一些。

3. 活动时间要适当

活动时间尽量避开周五到周日这个时间段，要符合大趋势。

4. 注意活动细节

在活动说明的第一段，应该增加一个“温馨提示”或“小贴士”，把“赠送抽奖机会”用红字标出来，并注明：多分享一次，多转发一次，可以为你增加一个抽奖的机会。如果在活动过程中多使用这样的一些细节，效果肯定会不错！

5. 中奖率要给力

如果企业能花一万元送两部 iPhone，倒不如把两部 iPhone 改成 10～20 个其他的奖品。一个活动有 10 个人可以获奖和有 100 个人可以获奖，给用户的心理期望是不一样的。

如何搞自建活动

自建活动是在企业微博主页面发起的一些活动，这种活动的话题非常多，可以做成有奖转发、盖楼、限时抢券，也可以做成一个午夜悄悄话，还可以做“用一句话形容你的心情”等。

自建活动中，跟我们互动的通常都是长期关注我们的“粉丝”。自建活动通常都具有较强的黏性和互动性，能够深化企业品牌的传播，给企业带来新“粉丝”，提高“粉丝”质量。但自建活动的缺点也很明显，如人气不太旺、玩法比较单一。

虽然自建活动有优点也有缺点，可是如果企业能够把自建活动做好，实现“粉丝”的转发互动，对企业来说也是一笔无形的财富。如何来做自建活动呢？

一、活动主题要鲜明

企业之所以要做自建活动，主要目的是为了营造一个氛围，让“粉丝”参与到活动中去。比如：“母亲节”的主题是感恩，企业可以推出一个活动，设置一款保健按摩枕为奖品。如果企业正好有保健枕，那就更好了。

二、活动规则要简单明了

有些企业自建活动要求很多，既需要“粉丝”关注，还要拍图片上传，同时要@5~10个甚至更多的人。其实，大家都愿意分享好东西，要将自建活动的门槛放低，活动规则要简单明了。

三、活动要维护和互动

很多企业开展活动之后，就等着结束发奖，中间没有跟“粉丝”互动，这是要不得的！其实，每次互动都是一次曝光。刚刚发布的活动，可能只有那个点上的“粉丝”看得到；如果几个小时之后再互动一次，又会有新“粉丝”看到。

掌握微博营销的技巧

微博的作用与商业价值是建立在微博运作成功的基础之上的，因此，有些微博营销的操作技巧与禁忌是需要掌握的。

一、提供有价值的信息

微博是一种价值的相互交换，只有各取所需，互利双赢，才能长久。

企业微博不是一个“索取”的工具，而是一个“给予”的平台。现在微博数以亿计，只有那些能给浏览者创造价值的微博才有价值，才可能实现理想的商业目的。要想塑造一个大家喜欢浏览的微博，就要不断提供浏览者感兴趣、有价值的信息。

为了让微博更加活跃，可以以自己的微博为媒介平台，链接众多目标客户，如俱乐部、同城会等；同时，将线上与线下打通，让微博具有更多的功能与实际作用。

二、微博也要个性化

如果浏览者觉得你的微博和其他微博差不多，就是不成功的。你的微博不仅要在功能上做到差异化，还要在感性层面上塑造出个性。这样，微博才会具有很高的黏性，才会持续积累“粉丝”与关注。

三、连续发布信息不间断

当阅览者登录微博后，通常都想看看你的微博有什么新动态。要想让大家养成一定的观看习惯，就要定时、定量、定向发布内容。同时，一定要保证微博质量，凡事质量为先。因为，低质量的、多是垃圾内容的企业微博，不仅达不到传播的目的，还很有可能被“粉丝”删除掉。

四、增加和“粉丝”的互动性

互动性是使微博持续发展的关键！微博的魅力在于互动，如果你的“粉丝”都不会说话，是很危险的！这就像是朋友之间的交流一样，时间久了就会产生一种微妙的情感连接，这种联系持久而坚固。当然，适时结合一些利益作为回馈，“粉丝”会更加忠诚。

五、做好系统性布局

任何一个营销活动，要想取得持续的成功，都不能脱离系统性。微博营销虽然看起来很简单，其实，它作为一种全新形态的互动形式，有着非常巨大的发展潜力。要想让自己的微博发挥出更大的效果，就要将其纳入整体营销规划中来。

六、给自己做一个准确的定位

很多企业微博人数都已过万，可是转载、留言的人很少，宣传效果不佳，为什么会这样？其中一个重要的原因就是定位不准确。如果你从事的是玩具行业，就要围绕目标顾客关注的相关信息来发布信息，不能单纯地为了吸引眼球。

七、提高企业博客专业化水平

只有专业才可能超越对手，专业是企业微博胜出的重要的竞争力指标！如果你的企业规模较大，就要设置专人负责网络营销；如果企业规模较小，可以委托专业公司代理。

八、有效控制微博传播速度

微博的传播速度是惊人的！这种力量可能是正面的，也可能是负面的，必须有效管控企业微博这柄双刃剑。要想有效掌控企业微博，需要注意的问题很多，比如：要认真推敲所要发布的博文，以免不慎留下负面问题；一旦出现负面问题，要及时跟进处理，不要放任自流，否则会产生“蝴蝶效应”。

九、模式要进行创新

抓住机会，有效创新，就可以从中轻松获益！虽然微博营销诞生时间还不长，但有一些企业已经走在了前面，取得了较为显著的成效。要多参考借鉴这些成功案例，结合企业自身特点与客观环境进行不断地创新。

星巴克在微博上推出了自带环保杯可以免费获得一杯咖啡的互动活动，网友纷纷上传自己领到免费咖啡时的照片，为星巴克的品牌形象做了一次大大的宣传。

微博运营如何进行热点跟踪

做媒体账号，对于信息流的把握要具有非常强的能力。微博编辑要具有这样的工作状态：每天到办公室的第一件事，就是打开各大门户网站，从中获取当天最有效的信息。

第二件事情，要有一个大 V 的分组。微博就是一个大佬的江湖，这些大佬控制着大部分的传播节点和大部分的舆论走向。一条微博经过@潘石屹、@任志强这些大 V 转发后，会立刻增加好几千的“粉丝”；一个普通的微博可能只有几百“粉丝”。

除了大 V 之外，还要打开同人微博，看看他们这一天发生了什么，最近 24 小时哪些东西比较热门。上午看完这三个内容之后，再开始自己一天的工作，根据自己的节奏去做各种事情。

中午的时候，微博编辑要看一下微博的热门排行榜，尤其是微博热门话题。要去监控一下，这样你在下午就有事情可做了，可以将所有的热点掌控在手中。

到了晚上的时候，微博编辑要看一下百度热词，对于这些新闻要做到心中有数：今天哪些新闻我漏了，今天哪些新闻我把握住了……一旦养成了这种网感，工作能力自然会得到较快提升。

学会利用“大V”的影响力

当一个微博编辑有了原创能力之后，是不是就成功了呢？其实不是的！作为一个重要节点，新浪微博80%以上的话题都是经过大V参与的。

作为一个业界的账号，怎么样与大V实现互动，用三个词概括为人心、需求和尝试。

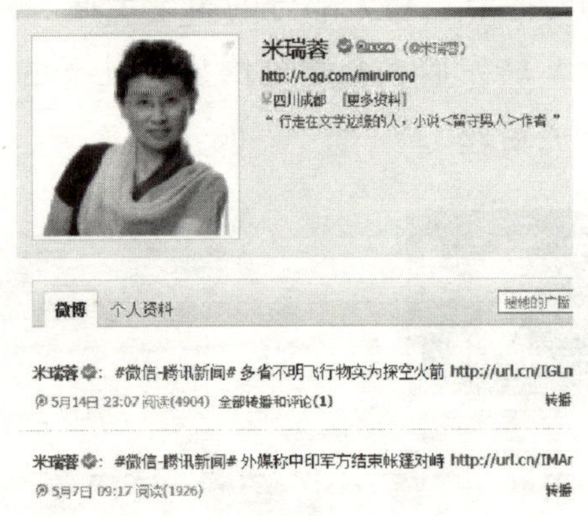

一、站在大佬的角度去想问题

在微博上没有一个人是神，也没有一个人是完美的，他只是一个人，作为一个账号的微博编辑，也是一个人，所以，必须与“粉丝”建立对等的人与人的关系。

每一个大佬，甚至每一个在微博上活跃的人一定有自己的需求，否则他早就离开微博了，而不是继续在微博上发挥自己的影响力。因此，一定要把握对方的需求点。

二、多次尝试，不松懈

不是说每一个人都能做一个影响大佬的微博，而是在实现这一过程中一定要经过很多次尝试。

第一，做微博的一定要善于利用数据，一定要有自己的数据分析、数据挖掘能力。如果你没有，最好是找到一个有数据挖掘能力的人做合作伙伴。

第二，你对这些人的理解不仅仅是停留在数据上，比如：知道这些大佬谁跟谁是老乡，谁跟谁的关系特别好。如果你想对任志强造成一定的影响，就要想一想，自己有没有影响到潘石屹，有没有影响到@米瑞蓉，有没有影响到@刘春……了解这些大佬的线下关系谱，是一个日积月累的过程。

不断拓展资源，互动共赢

当企业有能力影响大佬之后，还要继续拓展资源，协作、互动和共赢。

微博圈子里面比较有名的两个 QQ 圈，一个是蓝威联盟，一个是威廉。蓝威联盟现在有 70 多人，圈子里面比较重要的一些账号均活跃在里面，威廉也是一样。

QQ 只是一种沟通方式，沟通就是跟大家分享。分享你的生活，把对方当做你的朋友；不仅仅要在 QQ 上和网友进行聊天，还要举办一系列的线下聚会，大家一块儿聊聊天，吃个饭，交流一下情感。

通过微博，不仅可以收获工作经验、职场能力，还可以提高工作、巩固线下的一群朋友。当企业跟这些朋友交流之后，外联能力也就提高了。

不要陷入品牌推广的误区

当我们有了内容，又掌控了传播节点的时候，就要想一想，自己究竟需要的是什么？做这个微博账号的目的是什么？就是品牌推广。

品牌推广是企业用户的一个重要想法。很多老板有一个误区，以为微博仅仅是一个账号。其实，微博是品牌的一个重要出口，不仅在微博上可以打通，在线下也可以打通。

做微博推广的时候，可以学习以下几个账号：@小米公司、@安卓论坛、@互联网的那点事儿、@搜狗浏览器和@电脑报。

这五个账号做活动堪称一绝，可以仔细研究一下，看看他们都做了哪些活动。资料显示，@搜狗浏览器，用一个只有200元的产品，就可以获得好几千甚至上万的转发和“粉丝”。

企业在微博上如何玩

企业在微博上如何玩？最重要的就是要做好企业形象定位！从某种意义上来说，只要将企业的定位搞明白了，微博运营也就成功了一半！

微博上，每天都会流动大量的文字，中间还会夹着一定的语气、争论和情感。要想实现自己的目标，不仅要在微博上讲人话、做人事，还得有性格，争取做一个让人喜欢的人。

今天，很多企业虽然建立了自己的微博，可是管理却不规范，昨天还是满嘴的“亲”“卖萌”“装可爱”，一转眼就成了“专家”“老师”“哲学家”，这样“粉丝”怎么会喜欢？当“粉丝”感到心情不畅的时候，自然会主动离开。

企业在进行微博定位的时候，要从商业和营销传播的需要出发。如果你的企业是做金融的，面对的目标客户都是一些手里掌握有百万现金的富裕人群，为了和客户分享专业的理财知识，让目标消费者放心，最好建立一个官方微博。

做好微博定位之后，就可以从不同的角度来刻画这个形象了，这样“粉丝”就可以接受了。事实证明，形象刻画得越清晰，微博运营就越容易。例如：星巴克官方微博的形象定位是个有点小资、有亲和力、懂得生活的服务员。

星巴克的微博，塑造了一种有亲和力的氛围，营造出了一种轻松融洽的环境，“粉丝”就像是在咖啡馆里和服务员闲聊一般。一旦将自己的客户群做了清晰定位，产品就会深入人心，这样就能取得理想的效果了。

那么，生硬的工业品、机械、五金、化工、医药等企业如何来刻画虚拟形象呢？

这样的企业一般找不到品牌虚拟形象的客户门，微博文字生硬，毫无活力。怎么办？要想做好微博营销，企业就要抛弃工业产品、硬邦邦的物质，多思考一下企业的社会责任、倡导的理念和企业精神，对自己的产品进行有效宣传。

要想取得理想的微博营销效果，就要争取得到用户的吸收和认可？如何定位好企业的微博形象呢？通常来说，可以做出如下选择：一个科技的环保主义者；关注绿色低碳生活的轴承工程师；一位有情调的卫浴产品设计师；航天技术的极客。

微博营销可以延伸到哪些方面

在利用微博进行日常营销过程中，需要注意以下几点：寻找需求、售后服务和危机监测等。

一、寻找需求，积极推荐

如果你会利用微博的搜索功能，可以不时搜索一下，发一些与你的产品或服务需求有关的帖子；然后，对这些需求进行响应或推荐。当潜在客户提出进一步咨询时，还可以耐心地进行回答与引导，用你的回复来影响潜在客户的决策。

二、售后服务——帮“粉丝”解决问题

当客户中有越来越多的人使用某个博客平台时，你就可以利用这个博客平台进行售后服务了。在售后服务过程中，不仅可以即时帮用户解决使用产品或服务中遇到的问题，还可以更透明、更公开地展示企业的服务水平。

三、危机监测——以最快的速度解决

如果人手允许，在微博中要不断地进行危机监测。具体方法是，搜索与企业产品或服务相关的负面信息，然后以最快的速度解决；实在解决不了的，就要转到相关部门进行专门处理。事实证明，及时发现危机并进行适当的干预，会取得理想的效果。如果危机已经扩大到难以收拾的地步再进行干预，效果通常都不会很理想。

当然，在制定具体的微博营销策略时，还要考虑一下企业自身的规模。

对于大型企业来说，要将微博营销作为整个营销规划中不可缺少的部分，设置一个微博营销团队，进行相应的分工与相应配合。同时，为了实现理想的营销效果，微博营销还要和其他营销手段配合起来。

中小企业要根据企业的规模设定1~5个专职（或兼职人员）开展微博平台营销活动。要根据实际情况，安排专人分时段进行相应的信息搜索和监测；然后，根据实际情况进行相应的回复和处理。

如果有可能，无论是哪类企业，都可以利用一些监测软件配合人工监测工作；同时，可以将相关的信息进行收集和归档，评价微博的营销效果；同时，还可以将相关信息输出到相应的信息统计和分析系统中。

……

总之，不论是什么样的企业，都要重视对微博平台的运用。在整个营销活动中，微博可以成为发布信息、了解反馈、吸引新客户、开展促销活动、进行售后服务和危机监测方面的重要渠道。微博营销廉价、便捷、高效，不仅要充分利用，还要尽可能地将其应用得得心应手，如此，才能玩转微博营销。

怎样才能做好微博营销

微博，虽然只有短短的140个字左右，但可以随时更新信息，实现即时分享，实现营销的成功。那么，如何才能运营企业自己的微博呢?

一、给自己一个准确的定位

微博名称准确体现了企业的品牌和身份，开展微博营销企业要有一个定位：要做成什么样的微博，以什么品牌形象示人。这样，别人才能记住你的品牌、你的形象，这是企业首先要考虑的问题。

二、在内容上多下功夫

微博的特性决定了微博内容的方向，大体分为文字、图片、视频和音乐等内容。

（1）文字。微博的文字要控制在140个字，是否原创、是否有观点、是否有趣味等都是吸引“粉丝”关注和转播的重点。事实证明，只有源于生活的内容才会受到“粉丝”的欢迎。

（2）图片。微博内容配图是吸引人的一个重要因素，现在的各种有趣网站，都是以图片为重点，各种聚合微博的内容也是先以图片吸引人，所以很多企业在发微博时一般都会找一张或一系列精美的图片配上。但是，需要注意的是，图片只有与内容相配合，有原创性，才能更加吸引人。

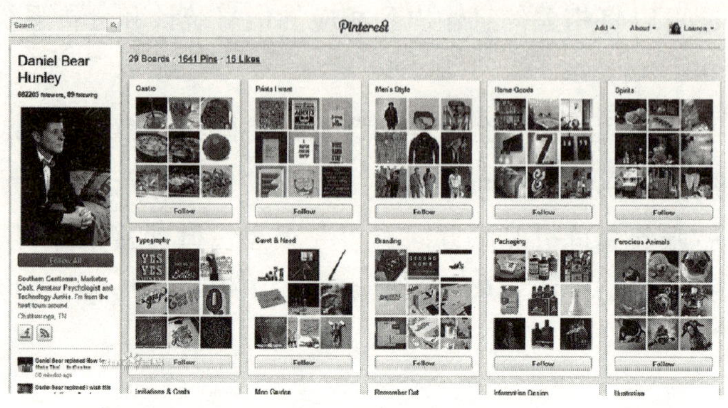

（3）视频。微博里，可以直接分享视频，这是一项不错的功能，可以直接观看。然而，视频拍摄、制作是一项技术活，并不是所有人都可以做好。不过，随着现在拍微视频的人逐渐增多，随着手机、摄像机等的普及，拍摄视频越来越方便。

三、和“粉丝”积极互动

在很多企业的微博上，只有企业信息，微博仅仅是网站信息的发布站，并不像一个微博，既不转播，也不评论，更不会回复“粉丝”的评论。这些都是不利于微博营销的。

微博是一个社交属性比较强的平台，强调的就是人与人之间的互动，要想在这个平台上做营销，很重要的一点就是和“粉丝”互动。

四、做好外围的宣传

一般来说，只要将上面的三方面做好，就可以建立一个不错的微博了。一旦将这些方面都做好了，就会出现很多口碑传播，有些媒体甚至还会主动发文传播。可是有时候，要想扩大企业的影响力，还是需要做一定的宣传推广的。

微博营销的“4I 原则”

微博是 Web2.0 信息交互的产物，在社会多角色的追捧下焕发出了耀眼的光芒。

和传统营销理念相比，要想获得长足的发展，微博营销者就要遵循一些微博营销的原则，比如：4I 原则。那么，什么是微博营销的“4I 原则”呢？一般来说，微博营销的“4I 原则”主要包括：趣味（Interesting）、利益（Interests）、互动（Interaction）和个性化（Individuality）。

一、趣味——有意思，不枯燥

在互联网的发展过程中，网络产品的立足点绝大多数都在于两个字——“娱乐”。为了吸引受众群体，在展示内容的时候，营销者都会使用一些幽默的文字、图片和视频，微博营销更要如此！

一般来说，网民都不喜欢太官方的语言、枯燥无味的话题、缺乏趣味性的微博。失去了“粉丝”的关注和转发，微博也就失去了其真正的意义；没有得到转发分享的微博内容，也就没有了营销价值。与其自言自语地分享自己看了都要吐的话题，倒不如吊足“粉丝”的胃口，传播一些自己看了都会发笑的内容。

二、利益——让“粉丝”获益

利益是刺激企业微博“粉丝”的催化剂，在利益的驱使下，“粉丝”会紧跟你不放。企业可以通过一定的活动，或参与投票的方式为“粉丝”带来益处。当然，这里的利益包括两方面的内容：物质和精神。企业的任务就是要不断地创造出能够满足“粉丝”内心需求的事物。比如，通过微博经常发布一些有关打折的信息和秒杀的信息。

网购打折信息 2011-08-06 14:30
#折扣优惠# 数码电器周末疯狂购 秒杀、包邮、限量，淘宝商城活动 http://163.fm/bmu0ZZS
来自享拍微博通 转发 收藏 评论

网购打折信息 2011-08-06 14:10
#淘宝特价#【三珍斋】中秋月饼礼盒 送礼首选 下午5点一元秒杀 http://163.fm/ZMjerJz

三、互动——和“粉丝”积极互动

与令人反感的传统广告比起来，微博更具有生命力，可以让企业与目标用户通过鼠标进行对话。通过对话，企业可以感知到消费者对企业的评价和好感度。这是传统报纸杂志无法媲美的！

互动可以让两端的角色建立起一定的关系，可以赋予文字以生命的力量，跳跃在企业与用户之间。及时地与“粉丝”进行互动，可以为企业品牌赢得高分。

奥巴马竞选美国总统之所以能够成功，最重要的一点就在于，他在 Twitter 上与成千上万的“粉丝”互动，提前赢得了国民的信任，这也是希拉里败阵的原因之一。

四、个性化——做最好的自己

微博作为一种自营媒体，与传统的报纸杂志相比，最大的区别就在于它具有生命力，并且企业拥有说话权。企业要结合自身的特点和文化，使用个性化的言语，搭配有趣的图片，让自己的微博鹤立群雄；当别人向左走的时候，你就要向右走，反其道而行之。

掌控微博营销成功的关键

随着 3G 的普及，微博跨平台交互的功能更加得到了体现。微博可以通过文字、图片、视频等展现形式对产品进行描述，以最快的速度在微博平台上得以传播，使潜在的消费者更形象直接地接收信息。

微博之所以能够流行，主要就在于适应了用户互动交流的需求，顺应了信息传播方式大变革的趋势。存在就是合理，适者生存！微博是一种互联网的最新应用模式，具有高度开放性，无论在何时何地，用户都能及时发布消息。

今天，上网看视频，发照片，上开心网、人人网，玩休闲游戏，写博客，发微博，已经成为时尚现代人生活中不可分割的一部分。随着手机互联网的发展，微博将拥有更加广阔的发展空间。此时，正是企业实施微博营销的最好时机。

目前，微博已经成为一个天然的口碑传播平台，客户关系维护的营销工具。企业可以充分利用微博来促进口碑传播，吸引更多的用户关注官方微博并成为官方微博的“粉丝”。事实证明，谁更尊重用户，谁就能赢得市场！

现在，很多企业都纷纷尝试微博营销，希望借助微博快速宣传企业新闻、产品、文化等，对外提供一定的客户服务和技术支持反馈，形成企业对外信息发布的一个重要途径。事实证明，通过微博这一平台，确实可以让企业获得足够多的跟随者，可以让企业与消费者形成良好的互动交流，逐步打造出具有一定知名度的网络品牌效应。

可是，微博的内容不是个人琐碎的生活细节，而是新闻、事态的滚动进展，每一条单独的内容都只能表达有限的信息，“碎片化”“口水化”特征明显。因此，在实施微博营销过程中，企业要适当控制微博的发布频率，让微博每天能有十条左右的更新；要安排一定的工作人员，每天对让用户感兴趣的话题进行更新。为了增加个性特色，还可以选择一个富有个性的头像。

要想最大限度地从微博中获益，企业就要有自己的观点，鼓励参与者积极讨论，不断地与新客户建立起良性的关系，积极寻找新的支持者；除此之外，还要建立自己的微博，由特定部门进行管理追踪，主动聆听消费者意见，不断完善自我，树立良好的企业形象。

微博营销有禁忌

微博是最便捷、最及时的。无论何地何时，只要你有手机且有电，便可操作完成。如何运用微博进行营销？如何有效进行微博营销？这其中是有一定的禁忌的！

禁忌一：只看不评

秒时代，要么主动营销自己，要么自己“被营销”。只有不断地进行相互交流，才能展示自己。在浏览他人博文的时候，如果不留“脚印”，就会“被营销”。微博营销同样如此！

微博的特点之一就是互动，如果仅仅是看一看，或者写一写，不及时反馈的话，是被动的、无效的。

禁忌二：原封转发

转发的时候，加上一段评述，可以吸引有相同想法和兴趣的人关注。“微博营销”的关键是“粉丝量”，“粉丝”多了自然就好传播了。如果只是人云亦云地转发，而不做评述，企业就会失去一次展示自我形象、个人魅力，以及人品、素质、情感的机会。而这个过程，正是自我营销的绝佳时机。

禁忌三：语言平淡

“微博营销”是一种“病毒式营销”！微博的传播，主要依赖于“粉丝”的相互转发——由“粉丝”转发给“粉丝”，再由“粉丝”的“粉丝”转发给其他“粉丝”，像“病毒”般发散开来。如果微博内容索然寡味，很难引起他人的兴趣，有谁会转发？

为了提高转发率，编写的内容最好是原创的，也可以是突发事件或公众关心的话题，要具有趣味性、可读性、新奇幽默、感人亲切或知识性……只有这样，才能提高微博的“转发力”，才能增加“活粉数”。

禁忌四：信息失真

网络虽然是虚拟的，但微博的内容应该是真实的。要想做到真实，不仅要让自己所发的内容真实有效，最好使用自己的照片做头像和实名。这样，一则可以提高可信度，二则会受到更广泛的关注。同时，个性的个人介绍和标签，也能吸引大量志同道合的“粉丝”。除此之外，还可以将已有的博客与之链接，并将博文的要点及时发于微博上。

禁忌五：虎头蛇尾

微博营销是一项长期的活动。要想获得好的效果，赢得更多的“粉丝”，就要及时更新“微博”的内容，最好坚持每天都更新！同时，还要与“粉丝”进行互动，逐渐形成一种行为习惯。如果你们是房企或中介微博，要想树立自己的品牌形象，更要形成一定的制度化、日常化。

禁忌六：孤芳自赏

写微博是自己的事，形成自己的微博风格固然很重要，但微博毕竟是一种营销工具，最好不要自命清高。如果想扩大微博的影响力，就要积极参与到热点话题的讨论中。如果你是行业的大佬、前辈，更要展示出自己的风范，及时回复“粉丝”的评价与问题。

微博，是“秒时代”的必然产物，必然会成为人们的一种生活习惯。秒时代，与其被“微博”营销，不如主动营销“微博”！

微博营销成功案例

一、凡客诚品——最早在新浪微博“安家”的广告主

VANCL的官方微博账号是“VANCL‘粉丝’团”。作为最早在

新浪微博“安家”的广告主，VANCL很早就找到了企业微博营销的感觉。有时，凡客会联合新浪向相关用户赠送VANCL牌围脖，有时也会推出“1元秒杀原价888元衣服”的抢购活动来刺激“粉丝”，有时又会通过赠送礼品等方式聘请名人进行互动。总结起来，凡客微博有这样几个特点：

1. 原则：长期互动

凡客非常重视客户的体验，为了创造一个与客户直接交流沟通的平台，凡客微博有意识地保持了轻松活跃的氛围。在微博平台上，凡客坚持细水长流，通过对品牌理解的输出，建立起了与“粉丝”之间的互动关系。

2. 结构：多层次放养

要与成千上万甚至数十万“粉丝”沟通，仅靠一两个管理员是远远不够的。凡客各层次员工在微博上扮演起“形象大使”的角色，与众多“粉丝”们做平等交流，提供更多有趣的图文信息。

凡客微博采取全员参与策略，企业在开通了官方微博“@VANCL‘粉丝’团”的同时，还动员员工注册了100多个微博账户。公司鼓励员工按照自己的理念来经营自己的微博，内容可以超出公司范围，凡客的企业形象立刻生动鲜活起来。

凡客微博还走高层营销路线，老板也亲自出马，在其个人微博中解答网友的各种投诉。不仅如此，老板还用微博转发并回应了网友们对凡客诚品质量的批评和质疑。

凡客有一名专职微博管理员，负责官方微博的发布和更新，主要工作是加“粉丝”、做评论、策划选题、找乐子。管理员专门负责收集与凡客相关的资料，比如：公司内部状况、社会动态等，然后发布到微博中。

3. 形象：名人效应

凡客在与新浪刚开始合作的时候，把微博称为“围脖”。同时，还和新浪达成了协议：新浪在首页为凡客做企业重点推荐，凡客为新浪提供围脖产品，打上新浪 LOGO，如果明星注册微博就赠送围脖。结果，很多名人都收到了凡客的围脖，提高了品牌效应。

为了传达“平民时尚”的品牌理念，凡客选择了个性率真的名人韩寒、王珞丹等担任代言人。利用韩寒主编的杂志《独唱团》第一期上市之机，凡客在新浪微博上独家发起了“秒杀韩寒《独唱团》”活动。凡客微博“粉丝”都可以参赛，“秒杀”成功者就可以免费获得《独唱团》。借助于韩寒的名气，凡客微博的人气大幅上升。

4. 文化：凡客体

为了彰显凡客的个性品牌形象，凡客定制了凡客体。凡客体用平实直白的生活化描述，让网友们产生很强的共鸣，他们竞相上传和转发以“爱……不爱……是……不是……我是……”为基本叙述方式的凡客 PS 作品。PS 作品语言风格多样，或冷嘲热讽，或幽默风趣，或温馨感人。凡客体作品浩大的声势，使凡客的名气大涨。众多原本对凡客并不熟悉的其他目标受众群，也因此开始关注凡客品牌。

5. 风格：轻松有趣

凡客认为，微博字数有限，比较零碎，适合谈些“小事”或细节。只有谈论一些用户们真正关心的事情，用真情实感打动用户，才能赢得“粉丝”的主动追随。所以，凡客既没有在官方微博上做新闻发布，也没有用官腔去回应“粉丝”，只说了一些网络语言，比如：口语化的“啊、呀、耶”之类的词，让“粉丝”倍感亲切。

二、阿迪达斯——多重中心辐射式微博账号矩阵模式

Adidas 集团的微博账号矩阵涉及很多重要账号，比如：@阿迪达斯训练、@阿迪达斯篮球、@阿迪达斯足球、@阿迪达斯跑步、@adidas_NEO_LABEL 等，分别起到了关键节点的作用。

Adidas 的集团微博策略遵循两条原则：

第一，开设众多子品牌官方账号。

Adidas 在新浪微博中拥有众多官方账号，其特点也是基本按照子品牌线进行划分。

第二，子品牌账号间的协作关系。

Adidas 企业微博非常重视信息在子品牌账号间的传播，将信息进行有策略的扩散。

Adidas 集团账号之间的协作模式是比较清晰的，其中@adidas_NEO_LABEL 与@阿迪达斯跑步、@阿迪达斯篮球、@阿迪达斯足球之间的互动非常多。因为，除去运营操作的角度以外，跑步、篮球、足球的几类产品用户的爱好与需求比较接近。

使用这种多重中心辐射式微博账号矩阵模式时需要注意的是：

第一，各账号间定位的明确性和一致性，内容的独特性，避免因为账号内容的雷同而造成用户的反感。

第二，根据目标受众选择转发的账号，选择可以覆盖相应目标用户的账号，不要盲目转发。

第三，转发的内容要有一定的普遍性，过于垂直会对传播范围产生一定的影响。

第四，转发频率不需要过于频繁，否则容易引起用户反感。

三、一汽马自达——创新活动规则

2011 年 4 月 18 日，一汽马自达举办了“减钱　捡 iPad　捡睿翼”微博营销活动。创新的活动规则更是极大地调动了网民参与的积极性，提升了活动的互动性和影响力。

游戏规则：

网友每转发 1 次，睿翼精英版价格即减少 1 元；

当转发超过 179800 次以上，睿翼精英版即 0 元送出。

一汽马自达“减钱　捡 iPad　捡睿翼”微博营销活动采取了全媒体全方位的全息推广策略，整合了全媒体资源，形成以线上为主、延伸线下 4S 店及上海车展的合力之势。

10 天活动时间，一汽马自达“减钱　捡 iPad　捡睿翼”微博营销活动微博转发量达到近 140 万次；一汽马自达新浪企业微博“粉丝”量提高 8 倍，总数超过 20 万，活动影响网友数量超过 2557 万人。一汽马自达在上海车展期间成功脱颖而出，品牌影响力得到再次提升。

同时，创造了新浪微博迄今为止活动转发最高纪录。数据显示，该活动的微博转发量是当期第二热门活动的 10 倍以上，最大限度曝光了睿翼精英版上市和价格信息，成为最成功最火暴的微博营销活动。该活动获得了业界大奖，比如：“2010—2011 年中国杰出营销奖——最佳新媒体营销奖”、“2011 年中国艾菲数字营销奖铜奖”、“2011 年数字金投赏铜奖”、“2011 年百度营销盛典年度大奖铜奖”等，树立了未来微博营销新典范。

微电影营销实战全攻略

微电影营销的两种方式

就微电影营销方式而言，目前至少有两种方式：定制和植入。

一、定制

为了促进营销，为自己量身打造一个剧本。然后，组织或选择适合营销目的的演员、导演和制作团队，在规定的时间内投放市场；同时，还要围绕该剧目进行一系列的市场推广、公关等活动，这样的过程就是定制。

采用这种方式，对剧情进行良性的控制，不仅会将企业的主张和愿望充分地体现出来；如果故事精彩、推广适当，还会取得非常显著的营销效果。

例如，慕思寝具的《床上关系》、小熊电器的《爱不停炖》都属于这种定制类的。

除了这些优点外，定制类也存在很多缺点，比如：成本投入较大、投资风险较高、把控全局的能力不足。

二、植入

为了实现营销的目的，有些企业会在既定的剧中，根据剧情的安排合

理植入一些企业的广告诉求，这就是所谓的植入。运用这种方式的时候，企业可以对该剧的传播效果、品牌体现、互动性等方面提出具体的要求，并配合该剧的市场活动。

植入类的优势在于投入较少、风险可控；如果剧本选择适当、广告植入合理、微电影推广团队推广得当，其营销效果未必低于定制类的。

例如，佳能 DV 在《叫我爸爸》中的植入，拉卡拉在《十二星座发财梦》系列中的植入，都属于植入类。

需要注意的是，无论是定制类还是植入类，都是为了体现品牌内涵，继而引起目标受众对品牌或产品的关注，这才是微电影营销方式的重点！

“引爆”微电影营销

微电影营销的内容具有一定的感染力仅仅是一种吸引消费者的手段，其实质上依然是打广告。所以，要想实现商业微电影的目的，不仅要能打动网友，获得海量的自发传播；还要将企业的产品或品牌信息巧妙地植入其中，两者缺一不可。

制作一部好的微电影并不是一件容易的事情，既要有足够的故事情节，又要照顾到提供赞助的广告商，还要具备足够的传播性和引爆点……那么如何才能做到这一点呢？如何才能“引爆”微电影呢？一般来说，在内容方面微电影主要有以下四种引爆方式：

一、剧情为王——用内容打动观众

微电影营销的主要价值就在于吸引观众主动观看，借人际传播进行转发扩散，扩大品牌影响力。可是，在用户自主选择内容的微博和视频网站上，最能打动用户的是影片内容。

微电影的“微”，决定了它必须在短时间内、高效地吸引观众，并让观众产生继续看下去的兴趣，这就对微电影的内容提出了较高的要求：不仅要新鲜有趣，而且要贴近生活和社会热点话题，还要适当采用较为诙谐的网络语言……简而言之，以内容为王，以剧情取胜，以趣味吸引，是微电影营销的关键。

例如：《玩大的》《梦骑士》等优秀微电影，不仅有着完整的故事情节，还能以某些特定的情感回忆让观众产生强烈的情感共鸣；当观众被影片内容打动的时候，也潜移默化地认同了企业传达的品牌精神。

二、明星效应——借助明星效应提高自身影响

明星有着很强的影响力，如果在微电影的制作过程中能够和某些名人合作，效果就会好得多。在这里，让我们来看看诺基亚的《不跟随》是如何做的。

《不跟随》的故事情节并不是特别完整，仅仅是恶劣环境的一种寓意，但是靠着范冰冰超帅男装的惊艳表现和超强气场，再加上给力的台词，突出显示了一种不服输的战斗精神。这种精神正好契合了诺基亚目前的市场处境和品牌内心的呐喊，赢得了一片掌声。

需要注意的是，明星是影片获得“粉丝”关注的一个重要筹码，但是如果微电影的剧情太过普通，不仅不能让明星的作用得到充分发挥，还会造成极大的浪费，给品牌造成不利影响。

三、话题性——和热点话题相融合

如今，社会上的热点话题有很多，比如：高考、房子、星座等。如果微电影能够和这些话题契合，自然会引起人们的广泛关注，营销效果就会好很多。比如：橘子水晶的《十二星座微电影》、Mike 隋为陌陌制作的《老外屌丝中文哥超强 12 人模仿》都较好地利用了这一点。

这两部微电影都没有完整动人的剧情，但是里面却引入了热点话题，取得了理想的效果。其中，在《十二星座微电影》中，涵盖了星座和开房两大热门话题；在《老外屌丝中文哥超强 12 人模仿》中，不仅有精彩的各国人模仿秀，还加入了油价高、“五一”旅游、李雷和韩梅梅学英语等众多精彩桥段，激起了观众的强烈共鸣，效果自然不错。

……

事实证明，当社会的热点话题和这些应景话题与微博等社会化媒体碰撞在一起的时候，就会引起强烈的化学反应，产生爆炸性的传播扩散效应。

四、借势——找个热点切入

每每到了母亲节、情人节、圣诞节、春节等重大节日，都会出现很多的微电影来捧场。2011 年春节期间，百事可乐的《把乐带回家》、风行的《票 2012》、金山毒霸的《回家》、智联招聘的《情感银行》、金六福的《春节回家互动联盟》等贺岁“大片”云集一起。这些“大片”围绕着“过年回家”这一主题，打动了所有的中国人。

微电影应该从哪里发力

微电影应该从哪里发力？互动剧情！

随着微电影模式变成一种营销标配，微电影在网络出现了泛滥之势：剧情创意雷同，有时候甚至连标题都一样；相同的剧情，换不同的片名和赞助商 LOGO……同质化与套路、形式的同质化逐渐削弱了“微电影”概念带来的玄机。

这时候，如何让网民的注意力集中起来呢？剧情创意、演员阵容、拍摄手法、制作质量、广告公关等宣传投入……微电影应该从哪里发力，让品牌宣传推广出现新的契机呢？互动剧情！

互动，是互联网技术进步带来的结果，这就让更多创意的实现成为可能。在 2011 年的戛纳创意节上，HTML5 技术得到了人们的广泛关注，并被预见“将是未来网页以及互动交互技术的发展趋势”——用 HTML5 技术生成互动电影，会给人们带来全新的体验。

在一定程度上，互动剧情能增加用户的停留时间。对于视频网站来说，也可以互动剧情作为突破口。动网旗下原创短视频品牌“赳客”是一个实践互动剧情的品牌，观看网络视频的时候，用户可以积极参与进来。

只要点击视频播放器内的选项按钮，就可以触发一个情节点，“选择”剧情的走向。

现在，很多企业已经在微电影的创意上进行了互动剧情的大胆尝试。比如：2011 年，英特尔和东芝联手推出了互动电影《Inside》。该影片由电影《后天》的女主角艾米·罗森（Emmy Rossum）担任主演。影片中，艾米·罗森扮演了女子艾米，她被控制在一个黑漆漆的密室，情况非常危急。幸亏艾米随身携带着搭载 Intel Core i7 Processor 四核处理器的东芝 P775 笔记本电脑，才得以不断地通过电脑社交网络向网友求助。

这是一个类似“逃离密室”的游戏，网友通过 Facebook、You tube、Twitter 等网站给艾米提供了帮助。在网友的帮助下，艾米逐步解开了密室的机关，最终逃脱。

这部微电影为消费者预留了亲身尝试并行动的空间，充分调动起了受众互动的力量，产生了良好的效果。

淡化产品主旨，释放品牌形象

微电影和广告的联手，改变了以往影视作品创作后期广告硬性植入的惯常做法，有效地避免了观众产生抵触情绪。

微电影和娱乐深度整合，通过大力推广，不仅可以淡化产品，凸显品牌，还可以让品牌的内在精神感动他人，影响社会。绝大多数的微电影都选择在各大知名视频网站播出，比如：在视频、SNS 网站投放。

微电影如何与销售结合

微电影看重的是品牌传播，如果想与销售结合，可以在推广微电影的时候，联合店铺或其他渠道做整合的营销活动，在店铺活动中落实微电影主题和内容。

难道只讲故事不能促成销售吗？如果只想做促销，最好不要做微电影，省下的钱完全可以拿来买直通车。如果想帮助品牌进行传播，提升品牌溢价，必须在剧情中有精准的消费者洞察，了解并解决消费者的潜在需求，激发情感，形成一定的品牌好感。之后再考虑与销售结合的方式。微电影解决的是决策前的部分，只有将这一步走好，才有可能促成决策。

2012 年，天伦天户外推出了国内户外行业首部科普微电影——《唐僧说户外之登山篇》。迅速席卷了整个网络，一周内全网点击量突破百万。

这部微电影之所以能在短时间内迅速掀起传播热潮，得到众多网友的热捧和肯定，不仅得益于其具有广泛的公益科普意义，更重要的是它用网

友喜闻乐见的创新娱乐方式，将相对枯燥乏味的户外科普知识以一种诙谐幽默的动画形式呈现了出来，不仅让网友增加了户外常识，还获得了无尽的乐趣。

天伦天《唐僧说户外之登山篇》的大获成功，让很多企业品牌不得不思考：如何去尝试更多符合时代发展趋势的营销新模式？比如：微电影营销。

植入商业信息不会影响传播力

植入了商业信息不一定就会影响传播力！微电影的主要核心是创意，如果微电影和植入广告能够进行巧妙的结合，影片制作精美，内容丰富，吸引受众的好奇心，广告内容不生硬，是不会影响观众的观感的。

其实，消费者并不完全抵触广告，只要在一定接受范围内，只要故事情节能引起消费者心底最深处的共鸣，他们是愿意接受并且分享的。

2013 年 4 月，作为大上海啤酒领域行业老大的三得利公司在上海召开了首映发布会，正式首发《情在心底·2013》。这部微电影，再次引领了啤酒行业新风，创造了属于三得利啤酒的“全新”生命力。

这部微电影，是一部由年轻人演绎、讲述年轻人故事的时尚影片。全片以“情在心底”为线索，以三得利纯生作为感情催化剂，讲述了男主角从毕业到创业的过程中的亲情、友情、爱情故事。虽然题材源自平凡而真实的生活，却调动了众人的情感，令人感动。感动之余，人们就会产生一种畅享好啤酒的愿望，目的随之达成！

在做微电影营销的时候，企业要对目标消费者的内心进行认真洞察，用故事来触动大众情感，从而将自己的品牌与消费者联系在一起，产生出一种精神力量。因此，在植入商业元素的时候，要跟故事情节完美融合在一起。

微电影，最合适的时长是多少

一般来说，一部微电影的时间最好控制在 10 分钟以内，但是也没有固定的标准。如果故事太短，没有悬念，没有太多的故事情节，是很难引起观众的兴趣的，自然也就不能给观众留下深刻的印象；故事太长，则会使观众失去耐性，增高跳失率。

事实证明，只有把故事描述完整了，才能引起观众的情感共鸣，加深他们对品牌的印记。

2012 年 3 月 28 日，科宝推出了家居行业的首部微电影——《早餐》。

据说，《早餐》推出不到半个月，播放量就超过了千万次，一时间震惊了家居业。目前，家居行业广为流传的微电影还有业之峰的《妈妈的一封信》、依诺维绅的《床上怪谭之失眠城市》、大自然的《我的山》……这些微电影的时间虽然都不是很长，只有短短十几分钟，却创造了长久的广告宣传效用。

拍摄微电影和电影广告植入效率大比较

微电影对品牌的树立能起到良好的帮助作用。通过故事的情节和调性，可以与目标人群进行情感沟通，使他们产生共鸣，从而记住品牌故事与调性，加深对品牌的印记。

播放器客户端的投放是硬广投放，可以提升品牌的曝光量，要想使消费者记住品牌信息，则需要长期持续的灌输，但即使这样也不一定能形成好感度。相比之下，微电影是软性推广，能在相对较短的时间内使消费者了解品牌的内涵，激起消费者对品牌的好感。

在众多微电影中，红极一时的《老男孩》无疑是最著名的一个。这部电影仅用了几十分钟的时间，就完整讲述了一个深刻的故事。在这个快节奏的网络时代，这种简洁、通俗的画面，受到了网友的喜爱。而网游厂商看中的，也是其简单、直接、深刻的特点。

多维度评估微电影的效果

微电影传播的评估从立体角度来看，不同层面、不同类型的媒体有着不同的衡量标准，要根据传播的目的、媒体的特性对传播效果进行合理规划与衡量。

微电影对品牌产生的效果，不仅体现在视频的播放次数，还可以通过网络上对视频的舆论作为衡量标准。另外，为了更加客观了解传播效果，还可以采用调研的方式。

通常来说，可以从三个维度来评估微电影的效果：

第一个维度：微电影的播放量和主动传播的数量。可以从播放量和微博转发数、论坛跟帖数等统计出来。

第二个维度：品牌知名度提升。可以通过百度指数、淘宝指数等工具来进行统计。

第三个维度：淘宝销售转化。可以通过淘宝热词品牌、店铺名搜索、品牌淘宝整体销售额增长率、主核心店铺销售转化率等方面来考察。

另外，还有三个重要评测标准：新浪微博、腾讯微博微电影的搜索量；淘宝论坛的回复数；做钻石展位时，点击率比平时提升接近100%等。

需要注意的是，在做微电影之前，首先要做好数据采集工作，以避免后期数据量不足。

企业应用微电影营销的七点建议

企业该如何应用微电影营销呢？

一、制订一个整体规划

虽然企业在做微电影营销的时候投资并不大，但无论是大投入还是小投资，企业都应该制定一个整体规划。只有这样，才能通过微电影将企业的价值观和产品诉求点体现出来；才能将品牌、产品诉求等有机地融合在一个构思巧妙的故事中，有效地影响受众的情绪情感；才能触动消费者的心灵，帮助品牌建立与观众的情感纽带，提升品牌美誉度与忠诚度。

如果不能很好地为微电影营销制订规划，会给自己带来不必要的损失。所以，企业在投资微电影营销时，必须作出详尽的整体规划，并严格按照规划执行，掌握营销节奏，实现理想的营销效果。

二、选择一个播放平台

目前，可以播放微电影的平台主要是各大视频网站和微博空间。如何来选择适合自己的平台呢？在播放微电影时，要通过以下几个主要指标来优先做出判断：

系统稳定、功能完善。如果所选择的平台系统不稳定，功能不完善，最好放弃。

访问量大、知名度高。可以根据全球网站排名系统等信息进行分析判断。

某一领域的专业视频网站。不仅要考虑其访问量，还要考虑其在该领域的影响力。

三、把握好自己的创意定位

微电影的播放时间通常都比较短小，叙事节奏不同于长片。目前，微电影的主要制作方式是将娱乐和广告深度整合起来。可是，太实了就会变成小品，太虚了则容易成为 MV。

合作良好的团队是微电影营销的基础，只有把握好创意定位，才会将微电影为我所用！无论是通过广告代理商创作脚本，然后由制作公司搭建团队完成制作；还是企业直接找到视频网站，由视频网站搭建团队完成制作……用于企业营销宣传的微电影，其创意定位都要遵循一定的分寸、门道和风格特点。

四、深化自己的品牌价值

微电影主要是将广告与娱乐整合在一起，来推销企业产品、促进品牌营销的。所以，淡化产品、释放品牌，是微电影营销的关键。

将品牌体验从产品体验升华到情绪体验，甚至上升到精神高度，正是企业微电影营销模式的精髓所在。在制作微电影的时候，就要将品牌倡导的价值和信念泛化为某一阶层的生活方式和消费文化，通过品牌的内在精神让他人获得感动，将观众的情感调动起来，从而萌生出品牌梦想，衍生出对品牌灵魂的认同。

五、避免流于形式

流于形式的微电影，不仅不会吸引访问者，还会影响企业品牌和形象。所以，企业进行微电影营销的时候，应该对能够吸引受众的内容进行精心编排，比如：企业产品、企业文化、优秀的内容、行业资讯、受众诉求点等，使企业微电影实现理想的传播和营销效果，千万不要流于形式。

六、注意整合资源

微电影虽然可以一种作为独立的营销手段来加以运用，但是如果企业能够合理地将其与其他营销手段整合使用，将会发挥更明显的功效。比如：可以将微电影与企业网站内容相结合，或配合事件营销，营造出一种强烈的氛围，在消费者心中造成更大影响。

七、评估营销效果

要想实现理想的营销效果，企业可以对微电影营销效果进行跟踪评价，及时发现问题，不断完善，使微电影营销计划在企业营销战略体系中发挥出更大的作用。

微电影营销有些事情需注意

微电影融合了传统媒体优势的画面感和新媒体形势下的互动感，能够

在短时间内迎合受众的精神需求。那么，企业在进行微电影营销的时候有哪些问题需要注意呢?

一、产品背后有什么样的故事

每个人的沟通方式等都是不一样的，每个群体的生活方式也是不一样的，企业要从群体的这些特点出发，把控好能够让他们精神为之一振的营销点，以此来引起他们情感上的共鸣，形成良性的口碑传播效果。

二、故事该讲给谁听

在制作微电影的时候，一定要明确一个问题——产品的受众是谁?他们本身有着怎样的故事?他们的深层感动来自哪里?要想找到更多的共鸣感，就要将产品本身的属性回归到用户身上。如果不搞清楚“故事该讲给谁听”这个问题，很容易偏离正确的方向。

三、受众看完故事后印象最深刻的是什么

一部成功的微电影要具备三点:

(1) 能让人记住。

(2) 让人耳目一新。

(3) 关注植入产品的属性。

如果一部微电影拼命地自卖自夸，肯定不会受到受众的欢迎，甚至被排斥。通过产品属性的传递和与受众需求的对接，就可以使第一批受众感动，形成第一轮营销传播!

商业化微电影怎么赚钱

面对微电影营销的植入方式，商业化微电影是如何赢利的呢?

一、道具植入

有些电影使用品牌产品作为影视作品中的道具。例如：电影《天下无贼》中无处不在的诺基亚手机、宝马轿车、佳能 DV 等。可是这种植入方式稍微有些生硬，有时会让观众明显感觉到是广告。

二、台词植入

有些电影也会在台词中植入广告，比如：电影《大腕》中李成儒那段台词："……不是开奔驰就是开宝马，你要是开一日本车，都不好意思跟人打招呼……"这种经典对白，能被老百姓广为传颂、调侃，实则是一种隐形广告，影响力是无法估量的。

再如：《大宅门》中，白景琦一把火烧了儿子做的不合格产品，把同仁堂"炮制虽繁必不敢省人工，品味虽贵必不敢减物力"的古训宣扬得充分透彻。

这种植入形式，通过主人公的台词把产品的定位、特性、特征直白地告诉消费者，很容易得到消费者对品牌的认同。

三、剧情植入

剧情植入包括设计剧情桥段和专场戏等方面，比如：在《疯狂的石头》中，道哥吃着康师傅方便面，给黑皮和小军讲解作战计划；包头拿着谢小盟的相机镜头盖，说："耐克？耐克也出相机？"之后，镜头迅速摇向尼康相机镜头盖……

在《爱情呼叫转移》整部影片中，除了徐朗的那只艳遇手机外，所有的手机都是清一色的诺基亚。而在电影《手机》中，所有演员使用的则是摩托罗拉手机。

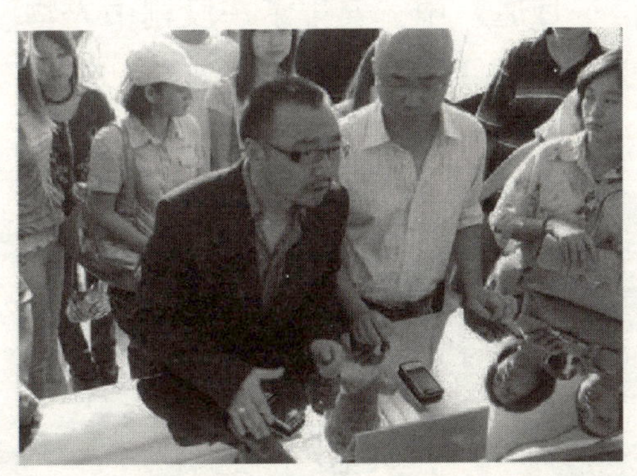

四、场景植入

也就是在画面所揭示的、容纳人物活动的场景中，布置可以展示产品或品牌信息的实物。比如：户外广告牌、招贴画，以及在影视剧中频繁出现的固定场景等。

例如：在电影《短信一月追》中，影片刻意安排男主角"David"开车慢慢经过"动感地带（M－ZONE）"的路牌广告。

《疯狂的石头》中，长安牌面包车冲向宝马车；可口可乐从天而降，砸入面包车内；下榻酒店、约会地点、风景区等都是不错的植入场景。

五、音效植入

音效植入也就是通过旋律和歌词以及画外音、电视广告等的暗示，引导受众联想到特定的品牌。

现在很多品牌都有自己的品牌主题曲，听到主题曲就能使受众联想到品牌，比如：《短信一月追》中，安排了一段剧中人物跟着电视里周杰伦的歌曲 MV 学习舞蹈的情节，而这首《我的地盘》正是“中国移动”2004年的主题曲。

六、题材植入

有些电影是专门某一品牌专门拍摄影视剧，着重介绍品牌的发展历史、文化理念等，用来提升品牌知名度。例如：电视剧《大宅门》和《大清药王》是讲述同仁堂的故事。

它们通过一个完整的故事情节，让观众在品味文化大餐的同时，也全面了解了产品及企业，这种植入方式更容易被观众所接受。尽管企业没有明显的推销行为，但起到了非常好的宣传效果。在电视剧播出后，同仁堂在人们心中的知名度和美誉度也大幅提升。

七、文化植入

这是植入营销的最高境界，它植入的不是产品和品牌，而是一种文化，通过文化的渗透，宣扬出现在其文化背景下的产品。韩国电视剧《大长今》就是一个典型的例子。

在这部电视剧中，用大量的篇幅介绍了韩国料理的制作和针灸方法，还有韩国服饰、建筑、伦理道德，这些韩国文化被深深植入观众心中。这种文化植入的经济效果是非常明显的，例如：韩国商品（服饰和化妆品）热销，韩国艺人进军中国文化市场，学韩语的人多了起来等。

定制微电影最关键的是什么

所谓定制微电影，就是根据投资人提供的产品、服务来进行微电影的创作。在创作当中，围绕某一主题全面植入投资人提供的产品形象，投资人可以自行选择创意、演员和推广方案，从而达到较好的宣传目的。

定制微电影最关键的要做好两个方面：创意和推广。

一、创意

定制微电影具有一定的商业目的，因此整个片子会偏向于商业广告的性质，如果没有一个好的创意贯穿全剧是很难让人接受的，所以创意非常关键。

比如：iPhone 手机的一系列微电影广告《爱疯时代》。

这部微电影中，通过一个做手机销售的普通女孩的视角展示出了各个阶层对 iPhone 手机的疯狂追求，达到了很好的宣传效果。这个微电影赤裸裸地对 iPhone 手机进行了宣传，但是反映的却是一个真实的社会现象。不管观众如何评价，都达到了最初的宣传目的。

二、推广

定制微电影的推广是一个整体性的规划，从最初的策划到最后的推广，都要有自己的针对性和目的性。今天，人们的自我意识越来越强，要想实现传播的目的，就要抓住更多人的心理。所以，在定制微电影的策划中，必须加入足够的情感元素，让自己的作品吸引人。对于定制微电影推广的方法，普通群众的力量才是最伟大的。

微电影营销成功案例

一、凯迪拉克和《一触即发》

《一触即发》是历史上第一部“微电影”，由著名影星吴彦祖主演。

在 90 秒的时间里，这部微电影主要讲述了这样一个故事：

电影故事以香港为背景，吴彦祖现身酒店交易密码箱，却遭神秘黑衣人组织跟踪追击。危急时刻他纵身从顶楼跃下，与神秘组织展开一场分秒必争的殊死较量。在另一位绝对主角凯迪拉克赛威的帮助下，吴彦祖一连闪过顶楼刺客、飞车党、火箭炮三批阻击者……几经周折，最终成功达成目标。全片场面宏大、制作精良，是第一部大制作网络微电影。

在《一触即发》中，过程和结局都是观众无法猜到的，这是凯迪拉克设计的绝妙之处。片中，凯迪拉克 SLS 赛威 2.0T SIDI 发挥着重要的作用，其独有的 OnStar 安吉星系统每一秒的反应都可能决定主角吴彦祖的命运。

秉承凯迪拉克精神的《一触即发》，开创了史上首部微电影的先河——以该片为代表的“微电影”，有许多传统电影无法企及之处，比如：

《一触即发》可以在移动新媒体平台（各种具有视频功能的手持移动设备，如 3G 手机、手机电视等，具有无线移动功能的笔记本电脑和其他移动视频接收设备）上进行播放，观众可以在移动状态和短时休闲状态下观看。

当所有贺岁大片为票房争得焦头烂额时，《一触即发》却笃定在旁独享观众群，2010 年 12 月 27 日在央视首映中坐收上亿目光，堪称微时代的里程碑。

二、雪佛兰和《老男孩》

《老男孩》是“11 度青春”电影行动中的一部，该系列电影由上海通用雪佛兰、优酷和中影联手打造。《老男孩》仅用了 43 分钟，就

收获了观众的满盆眼泪。

《老男孩》片长43分钟。该片以“80后的青春是否还记得当初的梦想”为主题，通过选秀节目切入，对两位参赛者为梦想追逐的青春经历进行了追忆：

中学同学肖大宝和王小帅都被心仪的校花拒绝了，可是因为都喜欢迈克尔·杰克逊，成为好朋友。多年后他们走上了不同的人生道路，一个成了点头哈腰的婚礼主持人，一个成了忍气吞声的理发师。

迈克尔·杰克逊的死讯传来，肖大宝心潮澎湃。他找到王小帅，组成了“筷子兄弟”，和一群90后参加了“欢乐男生”的选秀。选秀的过程并不顺利，最后也没有拿到名次、收获奖金，可是他们却收获了乐观的人生态度。

《老男孩》一经推出，立刻成为网络点击热点。有数据显示，截至2012年12月1日，“11度青春”的短片总播放量已超过6200万次。

以《老男孩》为代表的“11度青春”系列网络电影，是雪佛兰科鲁兹联手中影集团、优酷网推出的新媒体电影，成功打造了雪佛兰的经典营销案例。

2010年6月3日正式启动以来，“11度青春”共推出10部网络短片，仅在优酷网上便拥有超过7000万次点击量，产生了巨大的社会影响力。

雪佛兰科鲁兹不仅以“理念植入、情感征服”的创意营销赢得了市场的认可，更凭借在外观、设计、性能、安全和油耗方面的均衡表现，受到了年轻消费者的喜爱。有数据显示，雪佛兰科鲁兹在2010全年销量增长103.6%，达到18.8万辆；在2011年首月，雪佛兰科鲁兹迎来了销量开门红，销量一举突破2.4万台，创下了单月销量新高。

三、佳能和《看球记》

《看球记》是姜文团队为佳能拍摄的一部广告短片，也是姜文导演的第一部微电影。

《看球记》时长仅为10分钟左右，姜文以其独特的“姜氏”风格诠释了一段父子情。虽然只有短短的10分钟，但塑造出了饱满的人物形象。无论是爱子心切的父亲，还是巧舌如簧的小骗子，都给人留下了深刻印象，在诙谐幽默中展现出了浓浓的父子情，感人至深。

在拍摄《看球记》的时候，剧组使用的就是佳能摄像机，取得了满意的效果：5D mark Ⅱ在拍摄时，操控上使用固定镜头效果极佳，画质细腻富有质感，色彩还原效果上极其惊艳；XF305非常便携，也没有影响到拍摄功能和效果，画质和色彩也相当令人满意。

佳能产品的最大特点就是快捷迅速，大大缩短了《看球记》的制作周期。

第四章

微淘营销实战全攻略

微淘也能做推广

2013 年 4 月 12 日，淘宝无线低调地发布了一种新产品——微淘。目前，微淘可以通过三种方式进行访问：手机网页、手机淘宝安卓客户端和 iPhone 客户端。

微淘内测账号每天只能发送三条内容，内容必须包含图片文字描述，并且由小二人工审核后才能推送给“粉丝”；“粉丝”关注微淘账号后就可以像微博一样看到发送的内容了。

微淘内容可以添加淘宝购物链接，拿到邀请码，进行自己的微淘运营。

比如：微淘账号“日韩思密达”在运营的过程中，编辑每天都会发布很多高质量的内容。现在，“粉丝”数已经达到了上万人，并且每天都以接近一万的数量在增长。

目前，微淘只能关注推荐的账号，现在是“粉丝”增长最快的时候。公测之后，所有人都可以注册微淘公众号，“粉丝”的增长速度肯定会减慢许多。

做微淘推广时，须同时注意以下事项：

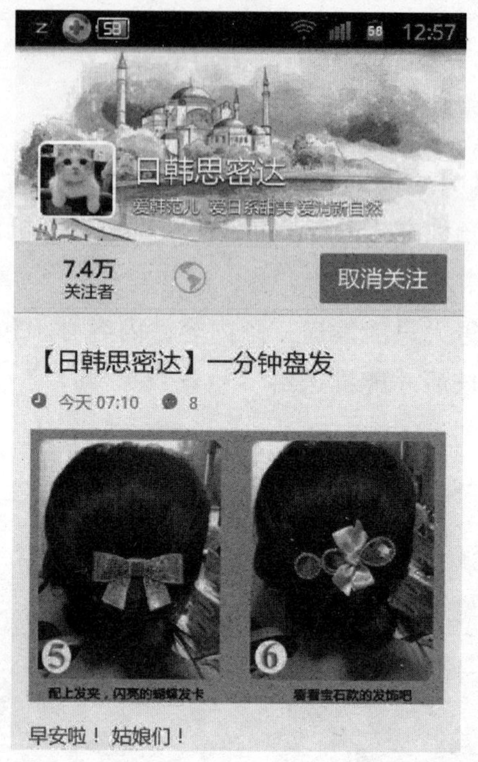

一、微淘的名字要突出主题

给微淘起名的时候，一定要突出主题。微淘账号“日韩思密达”，从名字可以看出主要是推荐日韩风格。事实证明，设计一个好记、特点突出的微淘账号也就等于成功了一半。

二、设置高质量的推送内容

做好内容是运营的关键。公众账号发布的内容必须是原创高质量的图文信息，运营者必须有一定的编辑知识，能够编写出高质量的推送内容。

三、积极和“粉丝”互动

从目前情况来看，微淘还不能和“粉丝”聊天。如果增加了聊天语音等功能，为了增加“粉丝”的黏合度，就要积极和“粉丝”互动。

提高无线端流量的转化率

卖家运营可选择的平台有很多，那么，卖家该如何从中找到自己的商业机会，并从中提高无线端流量的转化率呢？这就需要考验商家自身的功力了。

一、自主产生阅读内容

卖家要自主产生真正适合手机端阅读的内容供用户选择。比如：小也香水针对“香水”这一产品进行内容策划的时候，并不是简单地介绍各款香水香型，而是成功地将“香水”周边附带的产品链和任务做成了一期主题进行分享。

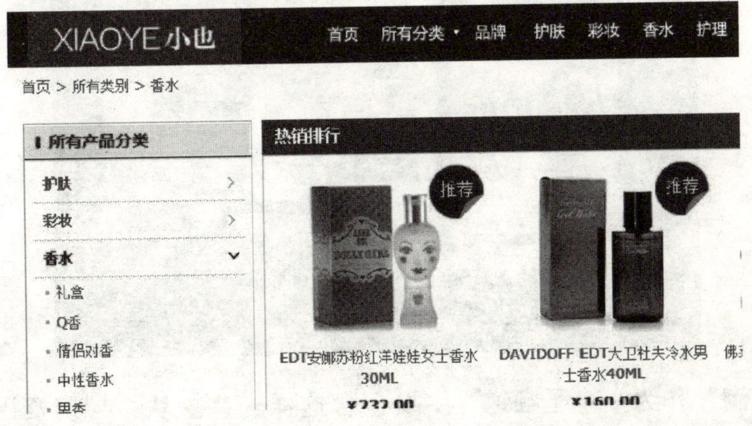

对诸如“调香师”“选购师”和“香水使用秘籍”等内容从多个维度上进行了产品内容的包装，形成了特有的品牌系列。而且，他们还对用户进行内容上的普及，不仅方便了客户购买，形成了人们对“香水”这一商品和产业链知识的积累；同时，也提高了消费者对该品牌的品牌形象认知。

二、从线上线下一起着手

如果打算开展微淘推广，可以从线上线下一起着手。

进行线上推广的时候，可以在电脑店铺首页二维码进行布点，利用淘宝官方帮派、微博、微信账号等进行传播。

着手线下推广的时候，可以通过宣传册、售后服务卡、吊牌等方式和客户进行接触，提高品牌的曝光率。

可以借鉴社会化营销做得好的电商企业和其他营销做得好的微博、微信账号进行“粉丝”互动，找到适合自身店铺的营销玩法，生产出优秀的内容，提高用户黏性。

掌握影响“粉丝”的积累以及互动活跃度的关键

“微淘”作为一个子频道，主要包含这样一些模块：导购资讯、互动营销、消费文化、生活服务、经验沉淀、组群讨论。通过这六个模块，卖家就会形成一些运营项目，鼓励商户主动创造出更好的内容，提供给用户选择；然后，用户可以通过“关注”或“取消”的方式获取信息。

现阶段，微淘的公众账号分为商城账号、集市账号、淘系账号、机构账号和达人账号等。要想提高“粉丝”的积累、互动活跃度，最关键的就在于——生成满足用户阅读需求的内容。就目前微淘运营数据来看，事实也的确如此！

据说，在微淘内测短短的几天时间里，“服装搭配师 miuo”的“粉丝”人数就达到了 9 万，超过了诸如优衣库、ONLY 等各大知名商家的公众账号关注度；而且，“粉丝”参与互动的活跃度也是最高的。之所以会出现这种情况，主要就在于创造了好的内容！

微淘的运营并不是一朝一夕的，要将其作为一项长期的运营项目持续去做。只有这样，才能帮用户形成拥有共同喜好和内容分享的“圈子”。针对微淘，卖家一定要做好心态调整，让自己转变成“农夫”，精耕细作手机淘宝公共账号，不断获取持续的无线端流量。

微淘营销成功案例

微淘账号——cc 刨白菜

“cc 刨白菜”，是微淘内测期涌现出来的一个成功账号。这个账号无论是在涨粉速度，还是“粉丝”黏度，甚至在促成交易方面都做得很出色。它是如何做到的呢？

1. 快速增粉

“cc 刨白菜”是如何实现快速增粉的呢？写原创内容！

刚拿到号的时候，“cc 刨白菜”也发了 2 天转载的文章。可是转载的东西没有自己的风格，自己都读不下去；而且，在你这里看到的内容，其他的网站也许做得更好。“cc 刨白菜”就开始着手写自己的内容。

2. 如何根据内容做营销

“cc 刨白菜”认为，首先要看看自己账号叫的名字，名字里要带上关键字。一旦取了这个名字，就要自始至终围绕这个关键字展开。即使偶尔发些美食、减肥等的内容，也要尽量根据“白菜”来确定。有固定“粉丝”之后，更要以此为中心。

3. “粉丝”黏性

怎样积极调动“粉丝”，让其互动参与评论呢?

“cc 刨白菜”不太在意会不会被分享到微信、微博，因为最终大家都会通过链接来淘宝购物。“cc 刨白菜”认为，淘宝是终点，既然已经在终点上了，就没必要再往起点走。没有性价比，你只要站在“粉丝”立场上参与评价就可以了。

4. 微淘 feeds 的发布时间

发布的时间，不是按涨粉最多时间来发，而是每天发的时间都要固定。从做微淘的开始，就要坚持固定时间，让“粉丝”形成一种条件反射，到时间自然会来刷你的内容。如果“粉丝”热爱你的内容，不管你什么时间发，他都会关注你。